camino.

gemeinsam auf dem Weg

Huub
Oosterhuis

Im Anfang war die Hoffnung

Worte von Widerstand
und Zuversicht
Herausgegeben von Cornelis Kok

camino.

Inhalt

Leben, ihm nach

Einladung

Seit mehr als sechzig Jahren sucht Huub Oosterhuis, Dichter, Priester, ehemaliger Jesuit und von 1965 bis auf den heutigen Tag Vorsteher der *Ekklesia Amsterdam* (vormals *Amsterdamer Studentenekklesia)* nach einer neuen Sprache, in der Menschen glauben können, in der sie Vertrauen, Licht, Weisung und Hoffnung finden für das alltägliche Leben.

Auch religiöse Sprache kann einfrieren, keine Lebenszeichen mehr von sich geben. Dann braucht es die Poesie, die sie wachküsst, dann brauchen wir Dichter, die unsere Sprache aufs Neue zum Leben erwecken müssen, da sie nach einiger Zeit immer wieder einschläft, zufriert, nichtssagend wird. Auch die religiöse Sprache, die Sprache der Gebete, des Glaubens, der Gottesdienste hungert und dürstet nach Poesie, damit sie nicht nur Frömmigkeit bestätigend wirkt, sondern das Herz und den Verstand der »Ekklesia« erreicht – diese überall auf der Welt Zusammengerufenen. Damit sie sich persönlich gerufen fühlen.

Die Sprache von Huub Oosterhuis ist tief verwurzelt in der Bibel, dem Buch, das der ganzen kirchlichen Tradition zugrunde liegt. Dieses Buch wurde im Laufe der Kirchengeschichte oft in den einstweiligen Ruhestand versetzt: mystisch spiritualisiert, dogmatisch reduziert und psychologisch verkürzt, wobei vor allem seine politische, ethische und gesellschaftliche Tendenz – kurz: die Bitte um Recht und Gerechtigkeit – vernachlässigt wurde.

Huub Oosterhuis hat immer aufs Neue versucht, diese prophetisch-biblische Tendenz in seinen Liedern und Predigten wiederzubeleben und gegenüber tausend und einem Missverständnis aufrechtzuerhalten. Im »Lehrhaus«, im ständigen Umgang mit den Schriften des Mose und der Propheten und denen über Jesus, hat er allmählich die Überzeugung erworben, dass es in ihnen auf allen Seiten (auch den schrecklichen) immer um Befreiung geht, um die Dokumentation einer großen Befreiungsgeschichte, die auch uns heute Trost und Hoffnung bieten kann.

So wie Elias Canetti in der Schreckenszeit von 1943 schrieb: »Es ist sonderbar, für das, was heute geschieht, ist nur die Bibel stark genug und es ist ihre Furchtbarkeit, die tröstet.« Die Bibel ist, so Oosterhuis, ein »Buch von Menschen über Menschen«. Nichts Menschliches ist diesem Buch fremd, auch nicht das Furchtbarste. Denn gerade darin »offenbart« sich sein Trost und seine Hoffnung.

Inmitten der oft furchtbaren Wirklichkeit ist dieses Buch auf der Suche nach Befreiung, nach einem Befreier-Gott. Und es findet diesen nicht, oder immer weniger, in Allmacht, Gerichtsfeuer und Rache, dafür immer mehr und klarer in tausendfacher Liebe und Treue. Die Bibel lässt dabei alle Gottesbilder der Welt – Baal und Mammon, Zeus und Astarte – hinter sich und behält nur das Ebenbild: den Menschen in seiner höchsten und tiefsten Menschlichkeit.

Erfahrungsblitze dieses Gottes finden die Leserinnen und Leser hoffentlich in diesem Buch.

CORNELIS KOK

Hoffnungs-
buch

Ballade vom Menschen

Am Tag, als Er machte
Himmel und Erde –
Es gab keine Bäume,
keine Halme von Gräsern auf Erden,
es fiel noch kein Regen
am Tag, als Er machte den Menschen.

An jenem Tag formte Er,
nicht aus dem Licht des Himmels,
formte Er aus dem Staub von der Erde
mich, Staub von der Erde,
blies Atem von Leben in meine Nase,
wurde ich eine lebendige Seele,
ein Menschlein –
wer sind wir, dass Du an uns denkst.

Er pflanzte nah beim Sonnenaufgang einen Garten,
Er nahm den Menschen in Seine Hand
und setzte den Menschen in den Garten.

Er sprach zu mir:
Es ist nicht gut, dass du allein bleibst,
Menschenkind.

Sollte ich nicht
einen, der dich sucht und findet,
für dich machen?

Der mich anschaut?

Der dich ruft, dir Antwort gibt,
der dich anschaut.

Zahme Tiere, wilde Bestien,
Vögel hoch oben, die Er machte.
Alle Namen, die ich rief,
die sie tragen wie einen Lichtglanz.
Aber keiner, der mich rief.

Bring mich in einen tiefen Schlaf.
Nimm die stärkste meiner Rippen.
Mach daraus einen, der mich ruft,
sucht, findet und Antwort gibt,
Bein von meinem Gebein.
Jemand,
der mich anschaut,

dass wir leben.

GENESIS 2,5–23

Der Grund der Hoffnung

In der Bibel wird die menschliche Existenz in Bilder gefasst und besungen aufgrund einer Hoffnung. Erinnere dich an die Geschichte von der Erschaffung des Menschen: Zur Zeit, als Gott Erde und Himmel machte, formte er den Menschen aus dem Staub der Erde und Lebensatem blies er in seine Nase. Er pflanzte einen Garten, setzte den Menschen da hinein und sprach: Es ist nicht gut, dass der Mensch allein bleibt. Dann schuf er »den anderen« und dann wurden, was noch ist und immer wieder werden muss: Menschen einander zu Nächsten, zu Antwort und Augen, zu Brunnen von Leidenschaft und Frieden.

So lautet die Geschichte von unserem Ursprung und unserer Bestimmung. Aber wie nun weiter? Der Garten ist schon bald zur Wüste geworden und bei diesem prächtigen, überraschenden Anfang ist es nicht geblieben. Menschen, zu zweit oder zu zehnmal Zehntausenden, immer noch einander Nächste? Ineinander verschlungen, verwirrt, aneinander gekettet, ineinander begraben, du begegnest allen möglichen Formen von nicht geglücktem Menschsein. Du siehst diese Welt – kann das eigentlich gut gehen? Die biblische Geschichte bezeugt, dass das möglich ist.

Man hat es an Menschen gesehen, bevor es niedergeschrieben wurde, es geht zurück auf tiefe Erfahrung: Was Menschen gelebt haben, mühsam von Tag zu Tag, ist Geschichte und Lied geworden. Jahrhundertelange Lebenserfahrung ist verdichtet in diesen Bildern des Anfangs: Zwei Menschen – so steht es im ursprünglichen Text der Genesis, dem Buch der Schöpfung –, die »einander gegenüberstehend dem anderen Hilfe sind« und die in ihrer Hingabe aneinander nicht enttäuscht werden. So haben sie es gemeint, die Dichter und Dichterinnen des Buches der Schöpfung, und sie stelle es dar, indem sie erzählen, dass es begonnen habe. Dass es mit Liebe begonnen habe. Dass Menschen aus Liebe geboren sind.

Was ich über Gott gehört habe in der jahrhundertealten Glaubenstradition, die in der Bibel zu Geschichte und Lied verdichtet ist, lautet: Dass du ihm auf die Spur kommst überall da, wo Menschen das Menschsein wieder neu beginnen. Geburt und Neugeburt – siebenmal, wenn es sein muss oder sein kann – ist Geburt aus Gott.

In den biblischen Geschichten und Liedern wird dir gesagt, dass du nicht weit nach »Gott« suchen musst. Du kannst ihn in deinem eigenen Leben finden – in den Momenten, damals, in denen du einen neuen Anfang gemacht hast, in denen du standgehalten hast, in denen du einem anderen treu geblieben bist, indem du heute die Kraft zur Liebe findest und hoffst, auch morgen diese Kraft wieder aufzubringen. Dass du gemeinsam mit anderen versuchen willst, in dieser Welt der Anfang einer neuen Welt zu sein – dieses Verlangen, diese Hoffnung ist Gott-in-dir.

Du kannst dem Wort »Gott«, das überall kursiert und das für alles Mögliche gebraucht wird, Bedeutung abgewinnen durch deine eigenen Lebenserfahrungen. Hast du es selbst einmal erfahren oder in anderen gesehen, dass du neu geboren wurdest, dann war es Gotteserfahrung. Er berührt dich, er öffnete die Fruchtblase, zog dich heraus aus dem Schoß.

Das Buch der Hoffnung

Jahrzehnte sind es nun her, dass ich die jüdische Bibel zum ersten Mal als eine Große Geschichte erkannte. »Groß« – weshalb? Weil sie die Geburt von Erde und Himmel erzählt, aber auch deren Zukunft. Weil sie von der gesamten Menschheit und von jedem einzelnen Menschen spricht. Weil sie in die Ferne sieht und auch einen Weg dorthin weist. Weil sie dich lehrt, wie du auf diesen Weg gelangst und wie du auf diesem Weg gehen musst und wie du deine Füße setzen sollst. Denn die Bibel nimmt alles und jeden an und sie gibt mir an vielen Stellen das Gefühl, dass ich, auch ich gesehen bin.

Wir nehmen meist nur flüchtig wahr, wir flüchten und werden auch selbst nur flüchtig wahrgenommen. Gesehen werden, einen kurzen Augenblick verweilen – sich den Blicken entziehend, leer, um gleich danach wieder aufs Neue schauend ... Aber in der großen biblischen Erzählung wird auf andere Weise geschaut und gesehen: anhaltend, ergründend. Manchmal, wenn mich etwas Verhängnisvolles überkam, gab mir dieses Buch zu verstehen, dass ich kein isolierter Einzelgänger oder Außenseiter war, sondern dass ich aufgenommen war in eine Weltgeschichte und dass mir, wie so vielen vor mir, solches Schicksal widerfahren konnte.

Meine Lebenstage schienen in diesem Buch zu stehen. Und auch mir wurde deutlich, wie ich selbst zu dem »Schicksal« beitrug, das mir widerfuhr. Großartig ist die biblische Geschichte, weil sie einen scharfen Blick hat und ihre Augen nicht abwendet, sondern Menschen, Gesichter und Seelen ohne Zynismus zeichnet, ohne die übliche, billige Schadenfreue und ohne sie abfällig bloßzustellen. Götter dagegen werden bloßgestellt, Übermenschen, die dem Alltagsleben auf der Erde entfliehen wollen, Götter-ohne-Brüder, Menschen-ohne-Nächsten. Ganz alltäglichen Menschen wird Ehre zuteil, ihre Zukunft und ihr Leben eingeschrieben: Sie werden für ihre Leidenschaften und ihre Scham nicht verspottet, ihr Versagen und ihre Schuld wird festgehalten, in ihren Rechten anerkannt. Und diejenigen, die so miteinander leben, koste es, was es wolle, werden seliggepriesen.

Die Bibel ist ein schwieriges Buch und man muss den Willen haben, dieses Buch lesen zu lernen. Ein Vater gibt seiner Tochter ein Buch und sagt zu ihr: »Hier, lies das mal, eine schöne Geschichte.« So sollte man mit der Bibel nicht verfahren. Auch ein jüdischer Vater würde das niemals tun. In den Buchläden wimmelt es nur so von Bibelausgaben in allen möglichen Übersetzungen. Nehmen wir einmal an, man kauft sich eine Bibel. Es hat sich vielleicht herumgesprochen, dass in den Niederlanden in den letzten Jahren viel mehr Bibeln gekauft wurden als früher. Warum auch nicht ...? Es hat etwas Magisches an sich, wenn man das Buch im Haus hat ... Dreiviertel der Käufer, so das Ergebnis einer Umfrage, glauben, dass sie in der Bibel für alle Schwierigkeiten Lösungen finden. Also fängt man an zu lesen: Im Anfang ...

Wenn man aufmerksam liest, stößt man nach der ersten Seite auf mindestens sieben Fragen. Wer wird die beantworten? Und wer hat den Leser darauf aufmerksam gemacht, dass die Bibel kein Buch ist, das man im stillen Kämmerlein lesen sollte, ohne sachkundige Kommentare, und dass es mit ein wenig Lesen in der Familie vor und nach dem Essen auch nicht getan ist? Dafür ist das Buch nicht geschrieben und zu schwierig. Es ist das größte Buch der Welt und stammt wie aus der Feder eines Kafka, Joyce und Garcia Marquez – man gerät auf Abwege, wenn man es nicht in einem »Lehrhaus« zusammen mit anderen liest in einem gründlichen und andauernden Lernprozess.

Es ist notwendig, sich in einem Lehrhaus zu versammeln, denn wir wissen und begreifen kaum etwas von diesen Texten. Es sind Texte aus einer gänzlich anderen Gesellschaft, aus einer Kultur, die uns, wenn wir ehrlich sind, vollkommen fremd ist. Aber doch Texte, die in uns weiterwirken, die in unsere gesellschaftlichen Verhältnisse und unsere ganz persönlichen Erfahrungen hineinreichen und uns verbinden, wie große Erzählungen das vermögen. Wir müssen uns einer großen geistigen Anstrengung unterziehen, um die biblische Große Geschichte als unsere Tora zu erkennen, als unsere Wegweisung, als Tradition einer Lebensweisheit, die auch für uns bestimmt ist.

Ganz sicher werden in der Zukunft alle Kirchen, die eine mehr als die andere, sich vermarkten, frömmeln, auf Esoterik verfallen, in Reinkarnation und Jenseitsszenarien ausweichen, wenn sie nicht auf das Fundament eines Lehrhauses[1] gegründet sind: die Texte vor Augen, demütig und geduldig – lernen zuzuhören, lernen zu hören. Hineinwachsen in eine fremde Sprache.

Um die biblische Geschichte zu hören, sie zu erleben und den Versuch zu machen, sie umzusetzen, sollte man das nicht für sich allein (oder zu zweit) ausprobieren. Dazu braucht es eine Gemeinde mit Predigt, Schriftauslegung, Fürbitte und Lied, einen Ort, wo man unter seinem Wort wohnen kann. »Wohnen unter seinem Wort« will sagen, dass man

1 „Lehrhaus“ *(Bet Hamidrasch)* ist eine sehr alte Bezeichnung für eine jüdische Institution, in der man die Bibel und die Tradition studiert.

bereit ist, sich nach diesem Wort auszurichten – so wie Zusammenwohnen bedeutet, bereit zu sein, sich gegenseitig zu prüfen. Bereit zu sein, sich von den Worten der Gerechtigkeit und Liebe befragen zu lassen. Fürchte nicht die Größe, die Unbedingtheit dieser Geschichte. Sie ist nicht zu anspruchsvoll für Menschen, es geht ihr darum, sie umzusetzen. Sie wird schon gelebt, diese Geschichte der Liebe, der Hoffnung. Halte sie in Ehren, diese Geschichte, sie spricht dich an in deinem tiefsten Verlangen. Sie lehrt dich auch, das Große im Kleinen zu vollbringen. Und sie vergibt dir siebzigmal siebenmal, ohne dich zu erniedrigen. Gott, der in der biblischen Geschichte, in Psalmen und Prophetenliedern und in den Worten Jesu zur Sprache kommt – dieser Gott von Abraham, Isaak und Jakob und nicht der Gott der Philosophen und Gelehrten – erscheint mir in den Worten, die geschrieben stehen.

Du, der gesprochen hat zu Israel
durch Mose und die Propheten,
uns hast du zu Teilhabern gemacht
durch Jesus, deinen Diener,
öffne dann jetzt unser Herz –
öffne die Worte, die geschrieben stehn,
lass leuchten über uns dein Angesicht.

In der Eröffnung, Deutung, Erklärung, Entfaltung, in der Auslegung-für-das-Leben aus der Tora Israels wendet der Gott des Mose und der Propheten sein Angesicht uns zu. Du kennst den Segensspruch: »Er segne und behüte dich. Er lasse sein Angesicht über dir leuchten« (Numeri 6,24–25). Sein Angesicht, sein Erbarmen und seine Behutsamkeit, seine Fürsorglichkeit und Treue sollen über dir leuchten, wann immer sich die Worte des Buches für dich öffnen – dann wirst du wissen, was »Leben« ist: lieben, einander leben lassen – das ist Leben.

Inmitten all der Menschen-Worte, die unsere Gefühle wiedergeben, unseren Gedanken die Richtung weisen und unser Gewissen schärfen, umringen wir das Wort der Tora als einziges Menschenwort mit Liturgie. Weil wir glauben, dass in diesem Wort der Gott des Mose und der Propheten und der von Jesus uns nahekommt und über uns »sein Angesicht leuchten lässt«. Um das Wort »Liebe« unversehrt zu bewahren als Gewissen der Sprache, als Prüfstein aller menschlichen Kommunikation, als Wort, das all unsere Worte abwägt, umringen wir dieses Wort mit Liturgie, begegnen wir ihm mit Ehrfurcht, besingen wir es und rufen es an, als wäre es ein Jemand: »Sei hier zugegen!«

Der Tag der Hoffnung

Du liest die Bibel. Was liest du da? Du liest etwas über Gott und über Menschen. Du weißt, in diesem Buch wird Gott den Menschen als Vorbild hingestellt. Du hörst und »siehst« ihn handeln, sprechen, schweigen und du weißt: Ich muss ihm nachfolgen.

Sobald du erkennst, ich muss ihm nachfolgen, sind in wenigen Augenblicken Jahrhunderte vorübergegangen, da ist in einem Augenblick eine hohe blinde Mauer niedergerissen, ein Meer weggeweht – oder stell dir noch andere Bilder für das nahezu Unmögliche vor: dass jemand – jetzt – hier von ein paar Worten aus so lang vergangener Zeit und aus so großer Entfernung davon angerührt wird.

Stell dir vor, es geschieht großes Unrecht. Was würdest du tun, wenn du der Gott wärst, über den du gerade in der Bibel liest? Du würdest wütend, böse, entrüstet, verletzt werden. Und genauso wird er von den biblischen Propheten noch immer dargestellt – aber dann bekehrt er sich und vergibt das ihm angetane Unrecht.

Was lernst du daraus? Dass wir uns – nach all der Wut und Empörung – wieder mit dem anderen versöhnen sollten und das vergangene Unrecht wieder verzeihen. Aber was heißt Unrecht verzeihen? Das Geschehene hinnehmen, es nicht länger abwehren, hassen und verfluchen, sondern es annehmen und überdenken, wie du jetzt damit umgehen kannst: ob du dem Geschehenen einen Platz in deinem Leben geben kannst, ihm eine Bedeutung gibst. Oder ob du irgendetwas daraus lernen und weiser werden kannst.

Nimm an, man hat dich verraten, dich im Stich gelassen, dich betrogen, bestohlen, dich verleugnet. Durch ein Unglück oder das Zutun anderer hast du einen Geliebten, ein Kind, eine glückliche Jugend oder einen Zukunftstraum verloren. Es hat dich schlagartig überfallen, es wurde dir versehentlich oder vorsätzlich angetan. Meistens ist es eine Mischung aus beidem, die du jetzt mühsam hinunterwürgen, den Becher trinken musst. Das kann ich nicht, sagst du, voller Widerwillen, vor Wut erstickend. Aber dann, nach einer nicht vorhersehbaren Zeit später, trinkst du den Becher leer. Bildlich gesprochen: Du nimmst das Geschehene an, nimmst es in dich auf, gibst ihm einen Platz, eine Bedeutung. Ist das möglich? Offenbar ist so etwas möglich. Es gab Menschen, die dazu imstande waren. Und seither gehört dies zu der Erfahrung, die »bei Gott nicht unmöglich ist«. Menschen müssen gedacht haben:

Vielleicht ist das Unrecht nur so ungeschehen zu machen oder wenigstens weniger zerstörerisch, weniger unwiderruflich.

Um mit dem Schicksal so umzugehen, bedarf es großer geistiger Beweglichkeit. Der Gott der biblischen Geschichte ist ein beweglicher Geist, ein schneller, sanfter, wendiger Geist, er verhärtet sich nicht, er bekehrt sich, er hofft, er vergibt. So versucht er, dem Unrecht das Unwiderrufliche zu nehmen und die Macht des Bösen zurückzudrängen.

Dieser vergebende Gott, der uns Vorbild ist und uns zur Nachfolge ruft, ist auch der erschaffende Gott. Er zähmt das Urmeer, er bezwingt das Chaos, er pflanzt Oasen in der Wüste und er erschafft eine Oase in der Zeit, den Sabbat, den Ruhetag, in unserer Kultur den »Sonntag«.

Zeit fliegt, Zeit währt. Zeit ist flüchtig, Zeit ist hart, nicht leicht durchzustehen. Gäbe es den Sabbat nicht, die Zeit würde eine Ewigkeit dauern. Aber nun ist es möglich, von Ruhetag zu Ruhetag zu leben, vom siebten Tag zum siebten Tag. So wie der vergebende Gott uns zur Nachfolge ruft, so wollen auch wir dem ausruhenden Gott folgen.

Vollendet wurden Himmel und Erde,
ihr ganzes Gefüge.

Vollendet hat Gott am siebten Tag sein Werk,
das er geschaffen:
All sein Werk, das er vollbrachte,
hat er gefeiert am siebten Tag.
Gott segnete den siebten Tag,
er hat ihn geheiligt;
dann hat Gott gefeiert all sein Werk,
das er gemacht und geschaffen hat.

So steht es geschrieben im zweiten Kapitel des ersten Buches der Bibel, *Genesis, Im Anfang.*

Der Sabbat-Sonntag ist geschaffen als Tag der Vergebung und Bekehrung, als ein Tag der geistigen Beweglichkeit. Darum ist es gut, am Sabbat von dem abzulassen, was man früher »Sklavenarbeit« nannte, »geisttötende«, einfallslose Arbeit. Am siebten Tag spannen wir die Muskeln unserer Seele: unsere Intuition, unsere Andacht, unser Gedenken. So helfen uns unsere Erinnerungen und Erfahrungen, neu zu überdenken, was uns aufgetragen ist.

Am Sabbat versuchen wir, dem Leben zu vergeben, dass es uns so sehr erschöpft, enttäuscht und quält, und wir versuchen, es als unser Leben anzunehmen, ihm einen Sinn zu geben, weiser zu werden, es zu ordnen und dadurch zur Einsicht zu gelangen und zur Ruhe zu kommen. Wer ermattet ist, abgehärmt und geschunden, der empfindet sein Leben meistens nicht mehr intensiv und hat keine Perspektive mehr. »Ruhe« ist in der biblischen Geschichte ein Wort, das auf Zukunft hinweist, eine zukünftige, noch zu erlangende, noch zu erkämpfende Ordnung eines Zusammenlebens. Dieses gelobte Land wird »Ruhe und Frieden« genannt. Diejenigen, die dieses Wort der Tora nicht achten, werden »nicht eingehen in das Land seiner Ruhe« (Psalm 95,11).

Eine Oase ist ein Ort der Brunnen. In den biblischen Wüstenerzählungen ist der Brunnen Bildnis und Gleichnis der Tora. Am Sabbat strecken wir unsere Wurzeln aus zur lebenserweckenden Kraft dieses Wortes. Wir saugen Lebenskraft ein aus der Erde, wir werden selbst zu Springbrunnen und wir singen. So möge jede Tora-Gemeinde sein, die am siebten Tag zusammenkommt: an einem Ort der Lieder, in denen der Mensch besungen, gesegnet und in seiner unscheinbaren Größe geehrt wird.

Der Sabbat-Sonntag ist ein Tag der Utopien, der Ausblicke und Zukunftsperspektiven, die uns Klarheit schaffen in unserem Gefecht gegen das Chaos der Fakten. Die Utopien der Propheten und Psalmisten der neuen Erde, der neuen Menschheit, der Berge, die »Garben des Friedens« und »eine Ernte der Gerechtigkeit« tragen, sie haben bis zum heutigen

Tage abgehärmte und geschundene Menschen aufgerichtet und geläutert: Sie sind sanfter und offener geworden, treuer zueinander, flexibler in ihren Reaktionen auf Chancen und Möglichkeiten, die unerwartet und unvorhergesehen waren. Wer keine Utopien mehr in sich trägt, der klammert sich fest an alten Strategien, wird träge und starr. Am Sonntag in der Kirche trainieren wir unser Talent zur Utopie, indem wir Lieder singen, die unsere Fantasie beflügeln. Unser Singen trägt uns über das Chaos hinweg zu der Hoffnung, einmal zu dem zu werden, was wir jetzt schon singen.

Mach neu das Herz, erhelle den Verstand,
dass wir einander halten und beleben.
Mach uns zu deiner Gemeinde,
Stimme, die unser Gewissen weckt.
Verbirg dich nicht!

Unerbittliche Hoffnung

Der Gottesdienst der Bibel ist erfüllt von einer Kraft der »unerbittlichen Hoffnung«: einer Hoffnung, die sich nicht mit den Tatsachen zufriedengibt, die sich den bloßen Fakten widersetzt und sich nicht in sie hineindenkt. Sie stellt sich gegen das Recht und das letzte Wort der Allmächtigen, die sich die Erde untereinander aufteilen. Sie widersteht jedem Regime und der herrschenden ökonomischen Ordnung, in der sich eine kleine Minderheit auf Kosten der großen Mehrheit bereichert, als ob die Erde mit ihrem großen Reichtum nicht für alle bestimmt wäre. Muss sie also so bleiben, wie sie ist: diese bestehende Ordnung, dieses »etablierte Chaos«? Einem solchen Gedanken zu folgen, ist zynisch. Der biblische Gottesdienst dagegen ist ein anhaltendes Verfahren, eine tägliche einstweilige Verfügung gegen solchen Zynismus.

Der Wortführer in diesem Prozess, der Ankläger gegen dieses zynische System und der Anwalt der Opfer ist in der Bibel Gott selbst. Er ruft: Wie lange noch wird das Recht geleugnet, das da sagt: Tue Recht dem Geringsten, dem Waisenkind, dem Armen, dem Beraubten, dem Erniedrigten, rette diejenigen, die keinen Widerstand leisten können. Wen meint er damit? Sieh dich nur einmal um.

»Kinder stehen auf«, so lautet der Titel eines Fernsehprogramms. Ich sah Andrea und Ronaldo in Santa Cruz, Bolivien. Sie sind zwölf Jahre alt. Andrea sorgt für fünf kleine Brüder und Schwestern, für ihre drogenabhängige Mutter und für ihre Großmutter – das Chaos und die Armut kann man sich vorstellen. »Wir kämpfen für eine gerechte Welt«, sagen die Kinder. Sie hatten gelernt, zurechtzukommen, wenn kein Erwachsener bei ihnen ist. Wie aber kommen sie auf die Worte »gerechte Welt«? Wie bahnt sich diese Vision einen Weg bis in die Herzen verwahrloster Kinder, um dort wiederaufzuleben? Diese Hoffnung ist in ihnen offensichtlich eingegeben. Sie waren furchtbar schön, mitten in diesem ganzen Morast. Sie strahlten unerbittliche Hoffnung aus.

Es gibt sie, diese alles umfassende Vision. Waffen sind darin zu Pflugscharen umgeschmiedet, zu Gegenständen, mit denen man etwas Gutes hervorbringen kann – sogar Zynismus und postmoderner, ewiger Egoismus werden umgeschmiedet zu Hoffnung und Solidarität. Diese Vision umspannt die gesamte Weltpolitik, alle denkbaren Kriege und auch die zutiefst persönliche Aussöhnung von zwei Menschen miteinander. Einsamkeit wird gemildert, hoffnungslose Verwicklungen zwischen Menschen werden durchschaubar und lösen sich auf. Selbst in dir wird dieser dumpfe Knoten vorsichtig gelöst. Diese Vision geht so weit, dass wir nicht dazu verdammt bleiben, im Zwei-Drei-Vier-Kampf zu kämpfen und dass du immer wieder aufs Neue geboren werden kannst bis zu deinem hundertsten Lebensjahr – alles das umfasst diese Vision.

Diese Vision ist von so großer Schönheit, weil sie viel mehr umfasst als nur dein eigenes Glück allein: Offensichtlich ist sie sofort erkennbar und an jeden Einzelnen gerichtet, so wie die Worte »Liebet einander!« Keine augenblendende, sondern eine wehrlose Schönheit – so wie Menschen in einer vorbehaltlosen Verbundenheit miteinander schön sind, ganz gleich, ob sie alt und wie gezeichnet sie auch sein mögen.

Diese Vision ist in den hinter uns liegenden Jahrhunderten durchs Feuer gegangen, sie ist aus der Hölle zurückgekommen mit einem verbrannten Gesicht, so beschreibt sie der niederländische Dichter Lucebert.

Aber sie ist jung wie der morgige Tag und alle Tage neu. Sie stirbt in Menschen und lebt wieder neu auf in Menschen – und du kannst sie jederzeit neu empfangen, sie ist Gnadenbrot.

Gebete aus der Bibel

Erstes Gebet

Möge geschehen:
Licht.

Nun, lasset uns Menschen machen
nach unserm Bilde, die uns gleichen.

Seid fruchtbar und werdet viel –
erfüllen wirst du
diese Erde.

Wo bist du, Mensch?
Wer hat dir gesagt,
dass du nackt bist?

Wo ist Abel, dein Bruder,
was hast du getan?

GENESIS 1–4

Gebet des Kain

Meine Schuld
ist zu groß,
um zu tragen.

Vor deinem Angesicht
verberge ich mich.

Irrend und schweifend
bin ich auf Erden.

GENESIS 4,13–14

Gebet von Gott Ich-werde-da-sein

Geh, du,
aus deinem Land,
aus dem Ort, wo du gezeugt wurdest,
aus dem Haus deines Vaters
zum Land,
das ich dich sehen lassen werde.

Sei zum Segen.

Fürchte dich nicht, Abram,
ich bin dein Schild.

Zähle die Sterne,
wenn du es kannst –
so zahlreich
wird deine Nachkommenschaft sein.

Ich bin der Gott, der genügt.
Wandle vor meinem Angesicht
und sei einfach.

GENESIS 12; 15; 17

Gebet des Abraham

Würdest du wirklich den Gerechten ausrotten
mit dem Schuldigen?
Vielleicht gibt es fünfzig Gerechte in der Stadt,
willst du die dann wirklich ausrotten
und den Ort nicht doch ertragen
um der fünfzig Gerechten willen, die in ihr sind?
Es sei weit von dir, das zu tun!
Einen Gerechten sterben zu lassen
wie einen Schuldigen –
dass der Gerechte und der Schuldige
über einen Leisten geschlagen werden,
das sei weit von dir.
Der Richter der ganzen Erde sollte kein Recht tun?

Nun ich es schon wagte, zu meinem Herrn zu sprechen,
ich, Staub und Asche:
Vielleicht fehlen an diesen fünfzig Gerechten ... fünf!
Würdest du dann wegen dieser fünf
die ganze Stadt verderben?

Vielleicht werden vierzig gefunden.

Mein Herr wird doch nicht entbrennen,
wenn ich weiterrede:
Vielleicht werden dreißig gefunden.

Ich habe es schon gewagt, zu sprechen zu meinem Herrn:
Vielleicht werden zwanzig gefunden.

Mein Herr wird doch nicht entbrennen,
wenn ich noch *einmal* spreche:
Vielleicht werden zehn gefunden, da.

GENESIS 18,23–32

Gebet des Isaak

1
Mein Vater, hier ist das Feuer und das Holz,
aber wo ist das Lamm für das Opfer?

2
Gott gebe dir
vom Tau des Himmels,
vom Fett der Erde,
Fülle an Korn und Wein.

3
Siehe, weit entfernt vom Fett der Erde
wird deine Bleibe sein,
weit vom Tau des Himmels oben.
An deinem Schwert hängt dein Leben,
du Sklave deines Bruders.
Es wird geschehen:
Du reißt dich los
und schüttelst sein Joch von deinem Nacken.

GENESIS 22; 27

Gebet des Jakob

1
Lass mich gehen,
denn das Morgenrot tagt.
Ich habe gestritten mit Gott und mit Menschen
und ich habe überwunden.
»Angesicht Gottes« heißt dieser Ort,
denn ich habe dich gesehen
von Angesicht zu Angesicht,
mein Leben wurde gerettet.

2
Gott, mit dem meine Väter wandelten,
Abraham und Isaak, vor seinem Angesicht.
Gott, der mein Hirte war,
seit es mich gibt bis auf den heutigen Tag,
der Bote, der mich freikaufte aus allem Bösen.

Du mögest meine Nachkommen segnen,
dass sie zahlreich werden wie Fische,
bis tief ins Land.

GENESIS 32; 48

Gebet des Mose

1
Wer bin ich, dass ich zum Pharao gehe,
dass ich die Kinder Israels
aus Ägypten führen werde?

»Weil ich mit dir sein werde«, sagst du?

Dann komme ich zu den Kindern Israels, ich,
dann sage ich ihnen:
Der Gott eurer Väter,
der Gott des Abraham, der Gott des Isaak,
    der Gott des Jakob
hat mich zu euch geschickt –
dann sagen sie zu mir:
Wie ist sein Name?
Was sage ich dann?

»Ich werde sein, so wie ich bin,
hat mich zu euch geschickt«?

Sie glauben mir nicht,
sie hören nicht mehr auf meine Stimme.

Ich bin kein Mann von Worten.
Gestern nicht, vorgestern nicht –
auch jetzt nicht,
da du zu deinem Knecht gesprochen hast.
Mein Mund ist schwer, meine Zunge ist schwer.
So bin ich.

Schick doch jemanden, den du schicken kannst.

EXODUS 3–4

2
Siehe, du, du sagst zu mir:
»Lass dieses Volk aufwärtsgehen.«
Aber du lässt mich nicht wissen,
wen du mitschicken wirst.
Du hast gesagt
»Ich kenne dich beim Namen,
du hast Gnade gefunden in meinen Augen.«
Wenn ich Gnade gefunden habe
in deinen Augen,
dann lass mich deine Wege kennen,
dass ich dich kennen werde
und Gnade finden möge in deinen Augen.
Sieh doch, dieses Volk ist dein Volk.

Wenn dein Angesicht nicht mitgeht,
dann lass uns nicht fortgehen von hier.
Wie werde ich wissen,
dass ich Gnade gefunden habe in deinen Augen,
ich und dein Volk?
Doch nur, wenn du mitgehst mit uns!

Lass mich sehen deine strahlende Kraft,
    deine Wucht.

Wenn ich Gnade gefunden habe in deinen Augen,
dann geh mit in unserer Mitte –
ein widerspenstiges Volk ist dies,
vergib unsere Verbrechen und unsere Sünden,
mach doch, dass wir dein sind.

EXODUS 33

Gebet des Amos

So spricht der genannt wird »Ich werde«:

»Ich kann deine Psalmen nicht ausstehen,
du, der die Schwachen zertritt,
Unschuldige greift und misshandelt.
Lass strömen wie einen Fluss
Gerechtigkeit, lebendes Wasser.
Du, der Pläne macht,
um die Bedürftigen zu töten,
darum wankt die Erde.«

Du, der genannt wird »Ich werde«,
sprich mein Gewissen frei,

schaff Ordnung im Chaos,
komm zu befreien –

immer aufs Neue.

AMOS 5; 8

Gebet des Simeon

Nun wirst du, Herr und Meister,
deinen Knecht frei gehen lassen
nach deinem großen Wort, in Frieden.

Denn meine Augen
haben deine Befreiung gesehen,
die du erwirkt hast
vor dem Angesicht
der ganzen Welt:

Licht,
das geschehen wird
an allen Völkern,

das strahlende Licht
deiner Tora,
an Israel zuerst gegeben,

alle Tage neu.

FREI NACH LUKAS 2,29–32

Gebet Jesu

Vater,
dein Name werde geheiligt,
dein Reich komme,
gib uns Brot für den morgigen Tag, von Tag zu Tag,
und erlass unsere Schulden,
denn auch wir erlassen unseren Schuldnern, allen,
und führe uns nicht in Versuchung.

Ich danke dir, Vater,
Herr des Himmels und der Erde,
dass du dies verborgen hieltest
vor Weisen und denen mit großem Wissen
und es Unmündigen offenbart hast.
Ja, Vater, so ist dein Wille geschehen,
so ist es gut.

Vater, wenn du es willst,
nimm diesen Becher weg von mir,
aber nicht mein Wille geschehe,
sondern der deine.

Vater, in deine Hände
befehle ich meinen Geist.

AUS DEM LUKASEVANGELIUM

Mit Licht geschrieben

Alles, was uns in der Bibel über Gott gesagt wird, ist als Lebenslehre gemeint, ist als Lebensaufgabe zu lesen. Hör zu, sieh, wie er handelt – so musst auch du handeln. Das ist die Botschaft.

Im Auszugsbuch, der Befreiungsgeschichte Israels, wie handelt er da? Da schickt er einen Menschen zu Menschen in Not: Mose wird zu seinen unterdrückten Brüdern und Schwestern geschickt. Was Gott tut, kommt in seinem Namen zum Ausdruck. »Ich-werde-da-sein« heißt sein Name: Ich werde in Menschen da sein, die sich zu Unterdrückten und Notleidenden schicken lassen. Dieser Gott wird »da sein« in Menschen, die füreinander eintreten und die versuchen, »füreinander so gut zu sein wie Gott«. Diese Worte lassen sich singen, in ihnen liegt eine Melodie. Es lässt sich immer mehr singen als sagen und sicherlich mehr singen als argumentieren. Aber allzu übertrieben darf das Lied auch wieder nicht sein und ein ganz hoher Ton ist fast niemals ganz rein. »Füreinander so gut zu sein wie Gott«. Geht das?

Es ist im Sinne der Bibel als Ganzes, zu sagen, es geht. Die Bibel ist als Ganzes die Geschichte von einem Gott, der Menschen bittet, ja anfleht, ihm in seiner Sorge und Liebe für die Menschen zu folgen. Er gibt den Menschen Raum und Freiheit – so müssten Menschen einander Raum und Freiheit geben. Er sieht das Elend, hört den Schrei nach Befreiung – also öffne auch du deine Ohren und Augen, dein Herz. Er geht aus sich selbst heraus, steigt herab, führt hinaus aus dem Schreckensland, dem Sklavenhaus, der Gräuelgeschichte – also führ auch du deine Kinder hinaus aus Schreckensland und Sklavenhaus und all den Gräuelgeschichten, von denen die Welt überflutet ist. Er fängt an und fängt wieder an und wieder und wieder und wie alt ist er nicht schon, »von Ewigkeit zu Ewigkeit« – also, folge du, alter Mann, alte Frau, folge ihm nach.

Hast du je in einer Göttergeschichte von einem Gott gehört, der sich »bekehrt«? Der Gott der Bibel bekehrt sich, so wie in der Geschichte von Abraham, der Isaak als Opfer darbringt, ein Gott, der sich von einem grausamen Befehl »bekehrt«: Nie mehr darf ein Kind geopfert werden – du, Mensch, mach ihm das nach: nie mehr ein Kind, wem auch immer, zu opfern. Und in der Auszugsgeschichte, da verflucht er »die Kinder Israels«, als sie sich für einen anderen Gott, einen goldenen Kalbsgott, entscheiden statt für ihn. Aber Mose überredet ihn und er bekehrt sich zu

Erbarmen und Vergebung. »Ich werde da sein, erbarmend, gnädig, langmütig, reich an Liebe und Treue.« – Macht ihm das nach, du Vater, du Mutter, ihr Menschen mit Kindern. Was hast du nicht alles versucht, sie gut zu erziehen, ihnen »Begriff« für Gerechtigkeit beizubringen, ihr Gewissen zu bilden ... Kannst du dir vorstellen, dass sie plötzlich lieber andere Normen, einen anderen Lebensstil, ja sogar andere Eltern wollen? Vielleicht kehren sie sogar in das »Sklavenhaus« zurück, aus dem ihr unter so viel Mühen weggezogen seid, zu einer Moral des »Wer schwach ist, stirbt; wer stark ist, überlebt«, zu einer Religion, die Homosexuelle verurteilt. Und dann erbarmend sein, gnädig, reich an Treue? Wie machst du das dann? Buch, du wurdest gelebt: Sag, wie wir leben sollen.

Das Buch weiß viel, aber längst nicht alles. Es zeigt eine Richtung, bringt dich auf andere Gedanken – das ist mehr, als die meisten Antworten bieten können, das schon. Folge ihm nach, sagt das Buch, geh seinen Weg, tu sein Wort und noch mehr, noch unvorstellbarere Dinge. Es sagt (oder besser sie sagt, denn die Tora ist eine Frau, Gottes beste FreundIn), sie sagt: Du stehst an der Stelle Gottes, du bist sein Bild und nach seinem Gleichnis bist zu geschaffen.

Willst du wissen, wer er ist? Überprüfe dann dein Herz und deinen Verstand, deine Geschichte und Lebenserfahrung: Wenn ihr so seid, dass ihr euren Kindern keine Steine gebt, wenn sie euch um Brot bitten, wie soll er euch dann nicht, wenn ihr ihn darum bittet, die Kraft geben, »erbarmend, gnädig, langmütig« zu werden?

Und wenn ihr mit aller Liebe, die in euch ist, nicht die Macht besitzt, den Tod eines unheilbar kranken Menschen zu verhindern, und ihr weint deswegen in ohnmächtiger Wut, warum sollte er, der sieht und hört und weiß, nicht auch weinen? Und so wie ihr hofft, einmal das Unheilbare heilen zu können, so hofft auch er auf eure Kreativität und Ausdauer. Er hofft auf die Schöpfungskraft und die ausdauernde Liebe von Menschen. Wer ist Gott? Gott ist so. Folge ihm und du wirst leben.

Wenn wir sagen: Der einzig wahre Gott ist uns in Jesus erschienen, dann meinen wir: Alles, was für Gott typisch ist, haben wir in Jesus gesehen. Wir sahen ihn »so gut wie Gott« handeln, »so gut wie Gott« sein.

Im Evangelium wird von ihm erzählt, dass er sich taufen ließ. Wie so viele andere Menschen in jenen Tagen und in seinem Land, machte er mit diesem Zeichen deutlich: dass er auf dem Weg Israels gehen und Sein Wort erfüllen will; dass er bereit ist, den schweren, lebenslangen Auszug zu verwirklichen.

Als er dort im Wasser stand, nackt wie ein Neugeborenes, da zerriss plötzlich der Himmel, da öffnete sich die Verborgenheit Gottes und Gottes Atem und Lebenskraft stieg wie ein Vogel vom Grund des Himmels hernieder und stand, rüttelnd wie ein Falke, über dem Haupt Jesu in der Luft. Da erklang eine Stimme aus dem Himmel – die Stimme, die schon so viele vor ihm aufgerufen hatte, zu den Menschen in Not zu gehen – und sprach: Ich habe dich lieb. Ich ruhe auf dir, ich bin auf dir mit meinem Geist, mit der Fülle meiner Kraft.

Das gesamte neutestamentliche Zeugnis über ihn besagt: Er war wie Gott, der sieht und hört und sich erinnert und weiß. Er hat uns vorgelebt, was wir tun müssen: das Elend der Elenden sehen, hören; unsere Augen aufmachen für das, was geschieht; unser Herz nicht abwenden. Und aus dieser Einsicht heraus leben: für die Entrechteten Partei ergreifen; allen ein Verbündeter werden, die versuchen, sich zu befreien und in Menschenwürde Mensch zu werden.

Gott ist er, in dessen Namen wir mit allen Niedergedrückten solidarisch sind. Und dieses Gottes Sprecher und Gewährsmann ist Jesus, gestern und heute noch. Er hat Gott verwirklicht.

»Er hat sich selbst gegeben«, sagt das Buch über ihn. Wie Brot gegeben, um gegessen zu werden, um in anderen Lebenskraft, Überlebenskraft zu werden. Das, was wir »Eucharistie« nennen, ist Zeichen der Erinnerung daran. Gott verwirklichen heißt: Brot für die Hungrigen sein wollen, das Leben für andere hingeben – Solidarität bis zum Ende. Nichts Geringeres meinen wir, wenn wir Brot zu seinem Gedächtnis brechen.

Im Lauf einer langen, unübersichtlichen Geschichte ist Jesus, der prophetische Lehrer aus Nazaret, für uns zum Ausleger schlechthin der jüdischen Glaubensgeschichte geworden, zum Zeugen wie kein anderer für einen Gott, der sieht und hört und Menschen ruft, um Menschen zu retten.

Seine Auslegung der Tora fand in den Tagen seines irdischen Lebens Widerhall – bei vielen? Bei ganz gewöhnlichen Menschen, unter ihnen waren Arme, Kranke, Besessene und »Sünder«. Und nachdem er gestorben war, am Kreuz wie ein Sklave, wurde seine Auslegung erkannt und fand Glauben in einer Gemeinde von Menschen, »auf seinen Namen getauft«, Menschen, die durch ihn und mit ihm und in ihm die Stimme aus dem Himmel hörten und den Geist des Auszugs und der Befreiung empfingen.

Diese Menschen gibt es noch. Sie sind nicht die Kirche, die katholische oder die eine oder andere protestantische. Aber in allen Kirchen gibt es solche Menschen. Und immer mehr außerhalb der Kirchen.

Gibt es sie? Vollkommen, fest und sicher, ihrer selbst und ihres Glaubens sicher? Sie stehen nicht fest, sie wanken, sie fallen und sie stehen wieder auf. Sie seufzen und stöhnen, wie in Geburtswehen; sie wollen endlich geboren werden. Sie sind sich ihres Lebens nicht sicher, aber sie leben, sie gehen.

Die Worte der biblischen Glaubensgeschichte von Mose und den Propheten, von Jesus und den von ihm Ausgesandten sind die weißen Steine an ihrem Weg, die Meilensteine, Schleifsteine, Feuersteine; Steine, die Wasser spenden, wenn man mit Geduld und Verständnis darauf schlägt; Steine, die sich manchmal sogar in Brot verwandeln. Und manchmal, des Nachts, stehen sie wie Sternbilder, wie leuchtende Orientierungspunkte am Himmel, Handschrift aus Licht, Urkunde des Erbarmens.

Die Heilige Schrift verteidigt den Gedanken: dass es auf dieser Erde Essen und Trinken, eine Wohnung und Sicherheit für jeden geben kann; es muss möglich sein. »Das muss möglich sein« ist das letzte Wort, die einleuchtende Schlussfolgerung all dieser grimmig fundamentalistischen oder mehr aufgeklärt-philosophischen, doch immer prophetischen Schriften, die in diesem Buch gesammelt sind. Mit diesem Wort, dieser Vision ist es unsere Rettung.

Gibt es Menschen, in deren Geist dieses letzte Wort wie mit Licht eingeschrieben ist? Ja, sagt das Buch, die gibt es. Öffne die Augen oder beginn bei dir selbst. Ja, sagen deine Augen, gebildet, gerichtet und erleuchtet durch die Worte dieses Buches. Ja, du weißt in deinem Herzen oder vielleicht sogar aus Erfahrung, diese Menschen gibt es. Versuche sie zu finden, damit du nicht mehr allein bist, rät dir die biblische Glaubensgeschichte; suche Verbindung zu ihnen, lerne von ihnen – es nennt einige mit Namen, der und der, die und die. Jesus von Nazaret war einer von ihnen.

Du bist von Natur aus fröhlich oder schwermütig. Du hast etwas mehr oder etwas weniger Talent für Lebensfreude und Lebensgenuss, so wie man eine hohe oder niedrige Schmerzschwelle haben kann; du bist ein bisschen ängstlich oder gerade das Gegenteil davon; rastlos oder behäbig. Und so, wie du bist, kommt das, was in der Welt vor sich geht, auf dich zu; das, was passiert. Das ist lästig, du willst vielleicht lieber nicht davon betroffen sein? Wie musst du damit umgehen?

Wenn es recht zugeht, dann sind Kirchen die bestgeeigneten Orte, an denen Menschen lernen, mit dem, was in der Welt geschieht, umzugehen. Nicht in Ergebung, sondern in Hoffnung. Nicht als Vogel Strauß, Kopf im Sand, sondern als Nachfolger Gottes, von dem geschrieben steht, dass er die Unterdrückung seiner Menschen gesehen hat, dass er ihr Schreien gehört hat und dass er herabgestiegen ist, um sie aus der Macht des Pharao-Regimes, aus dem Fluch des »ägyptischen Modells« zu befreien.

In einer »kirchlichen Gemeinde« können wir miteinander lernen, uns den Tatsachen zu stellen und dennoch die Hoffnung nicht zu verlieren. Miteinander sehen und hören üben; lernen, zu unterscheiden zwischen schlecht und gut, gut und noch besser, schlecht und noch schlimmer; lernen zu entscheiden und lernen auszuhalten. Lernen zu fragen: Warum ist diese Welt so? Ist eine andere denkbar, vielleicht sogar machbar? Man kann miteinander das Fragen verlernen und sich das Leben so vorleben, dass auf Dauer kaum noch jemand auf die Idee kommt, eine andere als die heute bestehende (internationale wirtschaftliche) Ordnung für existenzfähig zu halten.

Eine Gemeinde um die Tora, eine Sammlung und Schulung von Gerufenen, für die der »Knecht« Jesus zum Zeugen und Interpreten dieser »Lebenslehre« geworden ist – und darum werden sie zusammenkommen und beisammenbleiben in seinem Namen und zu seinem Gedächtnis –, eine solche Ekklesia wird von Menschen getragen, die für eine Umkehr der bestehenden Verhältnisse beten und singen und darauf hinarbeiten.

»Es gibt Menschen, die singen, nicht weil sie es wollen, sondern weil sich in ihnen eine Stimme erhebt. So gibt es auch Menschen, die glauben, nicht weil sie Angst haben, nicht weil sie auf Belohnung hoffen, sondern weil sie kraft ihres Wesens nicht anders können«, schreibt der jüdische Schriftsteller Abel Herzberg (in einem seiner »Briefe an meinen Enkel«). Mein »Wesen«? Ein Wort von früher, ein abendländisches Wort. Das Tiefste in mir – etwas oder jemand in mir, der war und ist und sein wird?

Es ist mein Wesen, dass ich nicht allein da bin, nicht allein da sein kann und das nicht einmal wollen kann; dass ich einer von vielen bin, einer von allen, einer mit allen. Dieses Bewusstsein von Verbundenheit, dieses »Gewissen«, ist der Sinn meines Lebens – wieder so ein Wort von früher, aber noch brauchbar. Dass es Sprache und Erkennen gibt, Zusammenhang, Vergangenheit und Zukunft, das ist der Sinn des Lebens; und dass kein gutes Wort, kein Hauch von Sympathie verloren geht; dass alle Freundschaft, je geschenkt, je empfangen, zum Guten wirkt, so wie ein einziger Tropfen Wein das Wasser der Weltmeere einfärbt.

Ist das Erfahrung oder Illusion? Reden wir uns das ein oder ist es wahr? Im Lied und Gebet, im Gottesdienst Woche um Woche feiern wir diese Erfahrung und flehen um sie: Was wir als wahr erfahren, möge es wahr sein.

Eine Gemeinschaft von Gläubigen wird von Menschen getragen, die »kraft ihres Wesens« nicht anders können, als an den Sinn des Lebens zu glauben. Die Heilige Schrift ist ihre Glaubensgeschichte. Darin wird der Sinn des Lebens besungen und Liebe benannt.

Besungen: über das Totschweigen erhoben, über die Sprache der »Philosophen und Gelehrten« (wie Pascal sagte) und über die Orakelsprache. Nicht als ein Mysterium besungen, um es zu meditieren, sondern als ein Weg, um ihn zu gehen, ein Wort, um es zu tun.

Das menschliche Leben – besungen als eine Möglichkeit zur Liebe; Liebe – der einzige, der absolute

Sinn deines Lebens: Das musst du hören. Höre, Israel; höre, Menschheit; höre, du!

Sie ist in Israel geboren, diese Geschichte. Dass sie irgendwo und irgendwann, in einer bestimmten Gegend der Welt, zu einem bestimmten Zeitpunkt geboren wurde, dass sie nicht »überall in der Welt« und »zu allen Zeiten« entstanden ist, auch wenn sie für jeden und für alle Zukunft bestimmt ist, das erregt Ärgernis. Dass sie eine jüdische Geschichte ist (so wie Er allein »der Gott Abrahams, Isaaks und Jakobs ist, nicht der Philosophen und Gelehrten«), das erregt auch nach Auschwitz noch Ärgernis.

Sie wurde gehört und erkannt durch Menschen aus allen Völkern. Sie hat uns erreicht. Alles, was wir in unseren Kirchen sagen und singen, von Woche zu Woche, ein Jahr von ewigen Tagen lang, das ist dieser Geschichte entnommen.

Sohn der Tora,
Licht bringend

Hoffnung wird geboren

Weihnachten: die schönste Geschichte. Wegen des herabsteigenden und wieder zum Himmel heraufsteigenden Singens, wegen des plötzlichen Lichts, wegen des völlig Unerhörten, aber unmittelbar Glaubwürdigen der Botschaft: Geburt, neuer Anfang, für das ganze Volk, für jeden, für die ganze Erde Frieden. Wegen des plötzlichen Umschlags von Nichts zu großer Freude, von »Tod in der Blüte deines Lebens« zu »Wüste, freue dich«, »Fels, du wirst ein Garten«.

Zwanzig Jahrhunderte lang hat diese Geschichte Gedanken an Liebe wachgerufen. Liebe ist die Stimmung und Absicht dieser Geschichte. Wenn man bibelfest und schriftgelehrt ist, hört man in diesem Text den jüdischen prophetischen Kontext: »Für dich ist die Nacht licht wie der Tag, die Finsternis strahlend wie das Licht«, ruft ein Psalmendichter. »Siehe, das Mädchen wird schwanger werden und einen Sohn zur Welt bringen«, ruft Jesaja und noch viel mehr. Aber auch wer nicht schriftgelehrt ist und selbst wer mit keinerlei Sorte von Christentum erzogen ist, kann die Absicht dieser Geschichte verstehen.

Die Botschaft des Engels an Maria. Eine beliebte Szene. Unzählige Male gemalt: »Du wirst einen Sohn gebären ... und seines Reiches wird kein Ende sein.« Und neun Monate später: »Heute ist euch in der Stadt Davids der Retter geboren, er ist der Messias, der Herr.« »Ein Königreich des Rechtes und des Friedens über alle Grenzen hinweg«: Eine andere menschliche Gesellschaft, mindestens das sollen diese Worte doch bedeuten. Nie darf diese Vision in Verkündigung und Liturgie verstummen.

Nie haben wir am Abend vor Weihnachten und Sonntag für Sonntag, all diese Jahre in der Amsterdamer Studentenekklesia, über etwas anderes gesprochen als über dieses Königreich. Als wir sagten »Gerechtigkeit«, neue wirtschaftliche Ordnung, neue soziale Verhältnisse – als wir orakelten, dass einmal alle trennenden Mauern zwischen Völkern, Rassen, Geschlechtern, Generationen und alle Mauern im Menschen gefallen sein werden – als wir auf sozialistisch von »klassenloser Gesellschaft« sprachen oder auf biblisch von »gutem weitem Land, von neuer Erde« sprachen, davon, dass »Mächtige von Thronen gestürzt und Hungernde satt geworden«, und mit überschwänglicher Stimme: »Die Steppe wird blühen, der Tote wird leben« – als wir in der

Sprache des Engels sagten: »Nichts ist bei Gott unmöglich, kein Wort«, dann meinten wir dieses Königreich. Es würde alles umfassen; es würde für unsere Kinder sein; es würde unser Leben verändern und allein schon die Sehnsucht danach hat unser Leben verändert – oder nicht?

Aber auch Hirngespinste können unser Leben verändern. Haben wir all diese Jahre vielleicht doch über ein Hirngespinst gesprochen? Und mit der Hartnäckigkeit von meist außerkirchlichen Gläubigen, die noch etwas von ihrer Tradition retten wollen, sprechen wir heute Abend wieder über ein Hirngespinst; es singt sich so schön. Wir wollen, dass es so ist; wir hoffen, dass es so wird; wir meinen, dass es nicht geht; wir singen; dass es sein wird. Ist dieses »Königreich« nur eine gesungene Geschichte oder gibt es Zeichen, dass es auch »wirklich« (so wie Menschen wirklich sind) sich ereignen kann – oder besser: dass es geschieht? Das ist mehr, so wie »Geschichte« mehr ist als »Ereignis«. Ein Ereignis passiert, hier und jetzt; Geschichte ist ein Weg, der Fortgang dieses »Hier und Jetzt« in Raum und Zeit, in Menschen und ihren Kindern. Gibt es also Zeichen dafür, dass das Königreich im Geschehen ist; gibt es lebendige Zeugen, die zeigen, dass es möglich ist, dass es wirklich geht?

Wenn nicht jetzt, wann sonst? Würde ich jetzt sagen: »Es ist unmöglich, es gibt keine Zeichen, keine lebendigen Zeugen, die zeigen, dass es geht«, dann würde niemand hier mir glauben. »Doch, ich meine es wirklich«, würde ich dann rufen, »früher dachte ich das, letztes Jahr noch, aber jetzt nicht mehr.« Ich würde wohl ausreden dürfen, so höflich seid Ihr, aber niemand würde mir glauben.

»Es gibt sie«, sage ich, Zeichen und lebendige Zeugen. Und ich füge noch hinzu: »Du musst mir nicht glauben, aber du sollst deine Augen gut gebrauchen, gut einstellen, neu ausrichten; und mit diesen Augen spähen, suchen, so wie man den Himmel nach Sternen absucht. Du kannst es lernen, so scharf und ohne Schuppen zu schauen; so wie du auch lernen kannst, durch ein Fernrohr und ein Mikroskop zu schauen. Und wenn du dann einen einzigen lebendigen Zeugen siehst, darfst du deinen Augen glauben. Und vielleicht siehst du wohl mehr als einen, zwei oder drei, die – ja, was eigentlich? Die die Liebe durchhalten.«

Unter Liebe verstehe ich: die tausend Nuancen von Mut und Geduld, Freundlichkeit und Freundschaft, Takt und Spontaneität, Höflichkeit und Leidenschaft, mit der wirkliche Menschen einander begegnen. Und ich verstehe unter Liebe: die Denkkraft und Intuition, Weisheit und Wissenschaft, allen Einsatz, alle Fantasie, allen Optimismus, womit die Erde aufgebaut wird, gegen den Abbruch.

Also alles, was zum Guten führt, alles, was zu etwas mehr Recht und Frieden für etwas mehr Menschen führt – das nennst du Liebe? Ja, das nenne ich Liebe.

Diese Liebe ist ebenso wenig vorstellbar und abbildbar wie Gott selbst und wie die Elemente des Atoms. Und ebenso wenig fühlbar wie alles Leiden zusammengenommen, das in diesem Augenblick in der Welt gelitten wird. Und doch nicht weniger wirklich. Wenn du all diese tausend Nuancen und alle erdenklichen Taten guten Willens zusammenzählen und wenn du diese Zahl in die siebte Potenz erheben würdest, dann hättest du das »Königreich des Rechtes und des Friedens über alle Grenzen hinweg« – in diesem Bild ist die Vielfalt und Kompliziertheit von alldem, was zum Guten wirkt, vereinfacht und singbar gemacht. Ich bleibe dabei, dass dieses Königreich dort kommt, wo Liebe durchgehalten wird.

In dieser »schönsten Geschichte« klingt die Erfahrung der durchgehaltenen Liebe, aber auch eine Hoffnung, die noch durch keine Erfahrung gedeckt wird. Es gibt in jedem Menschen und in allem ein »Noch nicht«. Wir sind geboren und wir sind noch nicht geboren. Es gibt einen Messias, der noch nicht gekommen ist; es gibt Worte, Medizinen, Heilungen, die noch nicht gefunden sind; es gibt eine Berührung, die unser Leben noch verwandeln könnte in ein neues Leben.

Vor uns liegt noch ein wüster, leerer Raum, der noch nicht erleuchtet ist durch die Feuerglut seiner Erscheinung, oder mit anderen Worten: der noch nicht bewohnbar gemacht ist mit durchgehaltener Liebe. Wird es möglich sein, in jenem völlig unberechenbaren Raum, den wir »Zukunft« nennen, diese Erde bewohnbar zu machen für jeden, der nach uns geboren wird? Wenn wir schon zur Liebe imstande sind, werden wir sie durchhalten? Erscheine uns, Engel, sage uns jetzt, dass bei Gott nichts unmöglich ist, kein Wort.

Ein neues Weihnachtslied

Die Sterne sind verschwunden –
Wo sind sie hin?
Der Tau liegt auf den Gründen.
Der Tag erschien.

Ein Mensch kommt aus der Mutter.
Die Sonne steigt.
Ein Mensch erschlägt den Bruder.
Die Erde schweigt.

Die Tausende in Zügen,
dem Tod bestimmt.
Die Sonne schien wie immer.
Die Erde blieb.

Ich habe es den Abend,
die Nacht gefragt.
Frag es die Morgenröte,
ward mir gesagt.

Warum ist doch die Welt so,
warum der Tod,
fragt ich den Tag, der wegfloh
ins Abendrot.

Die Nacht war voller Sterne,
sie schwiegen tief
und lächelten von ferne,
wie ich auch rief.

Doch einer kam vom Himmel,
der Morgenstern,
hat sich zu mir gebogen
und blieb nicht fern.

Ach, möchten alle finden
einen wie ihn,
die Angst würde verschwinden,
der Ungeist fliehn.

Wir würden hier im Erdkreis
im Frieden sein
und alle Pracht der Sterne
würde mit uns sein.

Licht für die Welt

Großes, aufglühendes Licht, weitstrahlendes Licht. So, wie die Sonne aufgeht und auf dem Balkon des Himmels erscheint: Epiphanie.

Eine große Dame erscheint auf der Bühne, »was für eine Erscheinung«. Ein großer Herr, ein Kaiser, zeigt sich in seiner ganzen Macht und Majestät, nimmt sein Volk in Augenschein, die jubelnde oder die gelassen schweigende Menge, die ihren soundsovielten Herrn und Meister sieht. So blickte der syrisch-hellenistische Welteroberer Antiochus Epiphanes vom Tempelberg auf Jerusalem, fest entschlossen, der Religion und Kultur des Judentums ein Ende zu machen.

Vor ihm und nach ihm waren viele Herrscher der Völker ebenso fest dazu entschlossen. Israels Auszugs- und Wüstengeschichte hat die wundersame Erzählung von Bileam und seinem sprechenden Esel bewahrt: Als Balak, der König der Moabiter, sieht, dass sich Israel den Grenzen seines Landes nähert, da bestellt er den Seher Bileam, auf dass er das Volk verfluche. Bileam versucht es, aber die Fluchworte kommen ihm nicht über die Lippen, denn der Geist des Gottes Israels legt ihm Segensworte in den Mund:

Spruch des Bileam, des Sohnes Beors,
Spruch des Mannes, dessen Auge geschlossen;
Spruch dessen, der Worte Gottes hört,
der um das Wissen des Gewaltigen weiß,
der die Schau des Allmächtigen erschaut;
der niederfiel und dem sich die Augen öffneten:
Wie schön sind, Jakob, deine Zelte;
wie prächtig deine Wohnungen, Israel!
Wie Wasserbäche, die dahinziehen,
wie Gärten am Strom,
wie Aloebäume, von ihm gepflanzt,
wie Zedern am Wasser.
Ich sehe ihn, doch nicht im Jetzt;
ich schaue ihn, doch nicht in der Nähe:
Ein Stern steigt aus Jakob empor,
ein Königszepter erhebt sich aus Israel.

NUMERI 24,3–6.17

Ein König ist in Israel, so sagt die prophetische Vision, ein Tora-König: Beschützer und Garant der Tora, der Lebenslehre, die Mose von Gott erhalten hat. Der König hat keine andere »Funktion« als die, die konkrete politische Ordnung am Wort von der Gerechtigkeit zu überprüfen und sie damit in Einklang zu bringen.

Der Stern, der aus Jakob aufgeht, ist das Gerechtigkeitswort, das das Antlitz der Erde erneuern kann. Israel trägt das Wort, die Tora, durch die Geschichte zum Wohl der »Völker«, der ganzen bewohnten Welt.

In den »Liedern vom Gottesknecht«, die in der prophetischen Schule Jesajas entstanden sind, wird zu Israel gesagt: »Ich habe dich zum Licht der Völker eingesetzt, um Blinden die Augen zu öffnen, um Gefangene aus ihrem Gefängnis zu befreien, aus dem Kerker, die im Finstern sitzen.« Israel ist dazu berufen, den Völkern zu zeigen, was Gerechtigkeit ist.

Israel und die Völker! In Psalmen und prophetischen Liedern werden die Völker, die Israel umringen und bedrohen, mit den wütenden Wogen des Meeres verglichen:

Die Fluten erheben, o Herr,
die Fluten erheben ihre Stimme,
die Fluten ihren Donnerruf.
Gewaltiger als die Stimme vieler Wasser,
gewaltiger als die Brandung des Meeres,
gewaltig ist der Herr in der Höhe.
Deine Worte sind unfehlbar und treu.

Die Völkerwelt, sagt dieser Psalm 93, ist ein Urmeer der Gewalt, ein Chaos, das noch nicht wieder zu einem menschenwürdigen, bewohnbaren Land umgeformt ist. Gottes Stimme aber ertönt über diesem Todestumult und sein Wort ist »unfehlbar treu«: Es kehrt nicht leer zurück, es setzt sich durch, wird zum Weg in der Geschichte – und auf diesem Weg wandern Menschen, hoffnungsvoll bis auf den heutigen Tag.

Im Jahr 70 haben die römischen Kohorten, das Militär des mächtigsten der Völker damals, Jerusalem samt dem Tempel zerstört. (Es war bereits die zweite Zerstörung, die erste geschah 587 v. Chr. durch das babylonische Heer.) Im Lukasevangelium wird Jesus die Prophezeiung dieses Untergangs in den Mund gelegt: »Sie werden verschleppt werden unter alle Völker und zertreten wird Jerusalem durch die Völker, bis die Zeiten der Völker erfüllt sind« (21,24).

Aber selbst dann sind die kühnen Visionen der Propheten Ezechiel und Jesaja nicht verstummt. In den Schriften über Jesus von Nazaret wirken sie weiter, strahlen sie ihr Licht aus.

Israel, das einst zum Wohl der ganzen bewohnten Welt berufen wurde, bleibt auch nach dem »Gräuel der Verwüstung« für alle Völker bestimmt: Einst wird die »Bestimmung« Jerusalems, leuchtendes Vorbild der Gerechtigkeit und des Friedens zu sein, in Erfüllung gehen; einst wird der Tempel ein »Haus des Gebetes« sein, in dem die Tora mit dem Herzen gelernt wird. Ezechiel sah Stadt und Tempel neu erbaut und die Herrlichkeit des Gottes Israels darin Einzug halten und er hörte den neuen Namen der Stadt: »Der ›Ich-werde-da sein‹ ist da.« Und Jesaja sah: »Einst werden die Völker nicht mehr feind sein, nicht mehr fremd sein.« Diese Vision aus Jesaja 60 wird in der Liturgie von Epiphanie – im Volksmund: von Dreikönig – gesungen.

Auf, werde licht, Jerusalem,
denn gekommen ist dein Licht.
Sein Lichtglanz geht auf über dir.
Noch bedeckt Finsternis die Erde,
noch liegt Dunkel über den Völkern,
doch über dir geht Er auf,
sein Lichtglanz erscheint über dir.
Völker wandern zu deinem Licht,
Könige kommen zu diesem Glanz,
der aufstrahlt wie ein früher Morgen.

Sie werden niederfallen und sprechen: »Nur bei euch ist Gott; es gibt keinen anderen, nirgendwo einen Gott, niemanden außer ihm, Israels Befreier.«

Die Prophetie Bileams über den »Stern aus Jakob« und Jesajas über die Wallfahrt der Völker wird durch das Evangelium des jüdischen Rabbi Matthäus in der Geschichte von der Geburt Jesu verarbeitet. Ihn nennen die Weisen und Sprecher der Völker »den neugeborenen König der Juden«. Er ist es, der die Annäherung der Völker an die Juden zustande bringen wird; seine Geburtsstunde ist die Stunde, in der sich das Herz Israels öffnet und zum Licht wird für die ganze Welt. Das Herz Israels ist die Tora.

Wir sind »aus den Völkern«. Wir feiern an Epiphanie, dass die Tora auch uns erreicht hat. Dass dieser »Stern der Erlösung« (Franz Rosenzweig) aus Jakob für uns aufgegangen ist. Dass wir »durch Jesus« Anteil erhalten haben an der Gerechtigkeits- und Friedensvision Israels und dass wir ein für alle Mal wissen: Nirgendwo ist ein Gott, »keiner außer ihm«.

Wir feiern diese Vision. Nicht, dass sie bereits in Erfüllung gegangen wäre – das steht noch aus, ist noch Verheißung. Sondern dass sie uns als Sinn unseres Daseins gegeben ist. Wir feiern ihn, der uns dies gegeben hat: in Hoffnung zu leben.

Blitze einer neuen Welt

Im zehnten Kapitel des Lukasevangeliums befindet sich Jesus in Galiläa, im Norden des heutigen Israels. Er hat sein Angesicht »stark gemacht« (Lukas 9,51), sich entschieden ausgerichtet, um nach Jerusalem zu gehen, das südlicher liegt. Dort wird die Konfrontation geschehen mit den Machthabern der alten Ordnung, mit der Priester-Kaste. die sich mit den römischen Besatzer verschworen hat – bitterer Ernst; darum steht da, dass er sein Angesicht »stark macht«. Dann weist er 72 seiner Nachfolger an, die ihm vorausgehen und Blitze einer neuen Welt aussäen sollen: Heile die Kranken und sag ihnen, dass das Reich Gottes nahe gekommen ist! Treib sie aus, die Dämonen der Schwarzmalerei und des Zynismus! Lass dich nicht einschüchtern durch jene, die die Macht haben, um dieses kranke Sklaverei-System instand zu halten, jetzt noch, aber einst nicht mehr – denn ich sah den Satan wie einen Blitz aus dem Himmel fallen – und dann, in Verzückung, in der Sprache des Heiligen Geistes: Ich danke dir, Vater, dass du deine neue Welt bestimmt hast für die Kleinen, die Unmündigen, die sich nicht wehren können; keine Worte haben, um ihre Rechte einzufordern, die Geringsten, die Einkommensschwächsten, die auch nach der wirtschaftlichen Krise Einbußen erfahren – sie werden die Ersten sein in diesem neuen Seelenbund *deines* Reichs, sagt dieser Jesus von Nazaret, in der Sprache des Heiligen Geistes.

Dass Jesus den Gott des Mose und der Propheten seinen Vater nennt, heißt, dass er den Befreier-Gott, den Namen JHWH »Ich werde«, der aus dem Sklavenhaus wegführt, als seinen Ursprung wiedererkennt und die Tora der Befreiung als sein Prinzip.

Möge für uns Wahrheit werden, was geschrieben steht

»Für die ungläubigen Juden: Gott, unser Herr, möge den Schleier von ihren Herzen wegnehmen.« So wurde, bis zu Papst Johannes XXIII., am Karfreitag in den römisch-katholischen Kirchen gebetet. Am 28. Oktober 1965 nahm das Zweite Vatikanische Konzil nach langen Debatten eine »Erklärung über das Verhältnis der Kirche zu den nichtchristlichen Religionen« an, worin es über die Juden u. a. heißt: »Obgleich die jüdischen Obrigkeiten mit ihren Anhängern auf den Tod Christi gedrungen haben, kann man dennoch die Ereignisse seines Leidens weder allen damals lebenden Juden ohne Unterschied noch den heutigen Juden zur Last legen. Gewiss ist die Kirche das neue Volk Gottes, trotzdem darf man die Juden nicht als von Gott verworfen oder verflucht darstellen, als wäre dies aus der Heiligen Schrift zu folgern.«

»Nicht einmal ein Freispruch«, nannte Abel Herzberg diese Erklärung, »sondern eine Begnadigung – das Gerichtsverfahren gegen die Juden wird eingestellt.«

Trotz mancher mutiger Initiativen für ein neues Verhältnis zum Judentum herrschen bei vielen Christen und in allen christlichen Kirchen immer noch wahnsinnige, aber tief wurzelnde Vorstellungen über das Judentum, die immer wieder ausbrechen. Es sollte möglich sein, durch die Praxis der Liturgie, durch Seelsorge und Theologie zu einer neuen Sicht und Einstellung beizutragen, etwa im Geist des folgenden Gebets, das Papst Johannes XXIII. zugeschrieben wurde:

Wir sind uns heute bewusst,
dass viele Jahrhunderte der Blindheit
uns die Augen verhüllt haben,
sodass sie die Schönheit
deines auserwählten Volkes
nicht mehr zu sehen
und in ihren Gesichtern
die Züge unserer bevorzugten Brüder
nicht mehr zu erkennen vermögen.
Wir verstehen, dass uns ein Kainsmal
auf die Stirn geschrieben steht.
Im Laufe der Jahrhunderte
hat unser Bruder Abel
in dem Blut gelegen, das wir vergossen,
oder er hat Tränen geweint,

die wir verursacht haben,
weil wir deine Liebe vergaßen.
Vergib uns den Fluch, den wir zu Unrecht
an ihren Namen Jude hefteten.
Vergib uns, dass wir dich in ihrem Fleisch
zum zweiten Mal ans Kreuz schlugen.
Denn wir wussten nicht, was wir taten.
Herr, lass uns auf den schlechten Wegen,
die wir in der Geschichte und in der
Kirchengeschichte gegangen sind, umkehren.
Lass unsere Umkehr
eine konkrete Erneuerung sein.
Möge der Friede Gottes,
der unser Leben und Denken behütet,
unsere Herzen erfüllen.

Bei einem Karfreitagsgottesdienst scheint mir ein Geleitwort zu Beginn notwendig zu sein, in dem die Tatsachen vor Augen gestellt werden. Etwa so:

Wir sind hier zusammengekommen, um des Todes Jesu von Nazaret zu gedenken.

In den Dreißigerjahren des ersten Jahrhunderts unserer Zeitrechnung, als sein Land von den Legionen der Römer besetzt war, wurde er von einigen, die mit dem Feind und Unterdrücker des eigenen Volkes gemeinsame Sache machten, an die fremden

Herren ausgeliefert. Durch den römischen Befehlshaber Pontius Pilatus zum Tod verurteilt, wurde er wie ein rebellischer Sklave hingerichtet: Nachdem er verhöhnt und gefoltert worden war, starb er am Kreuz – es war während des Osterfestes der Juden.

Nach seinem Tod wurde durch seine Jünger die gute Nachricht verkündet, dass er sich nicht vergeblich auf seinen Gott verlassen hatte, auf den, der von Mose und von den Propheten »Israels Retter und Befreier« genannt worden war, Gott Abrahams, Isaaks und Jakobs, ein Gott von Lebenden.

Mit dem Evangelium der Auferstehung wurde auch die Wahnvorstellung verbreitet, dass das jüdische Volk am Tod Jesu schuldig geworden und von Gott verworfen sei. Dieser Irrglaube hat Jahrhunderte lang zu Judenhass und Judenverfolgung geführt. Unser Jahrhundert hat gesehen und gehört, wie unter Mitwirkung vieler Christen Millionen von Juden verschleppt, in Lagern misshandelt und ausgehungert, in Gaskammern ermordet wurden.

In dieser Stunde denken wir an all die Ermordeten des jüdischen Volkes, Schwestern und Brüder Jesu von Nazaret, niedergemetzelt wie er; wie er wurden sie zur Schlachtbank geführt und standen stumm vor ihren Henkern. Möge dieses Gedenken stark genug sein, um zu verhindern, dass jemals wieder Juden beschimpft und verfolgt werden, nur weil sie Juden sind. Und dass bei niemandem von uns und bei keinem einzigen Menschen diese Wahnvorstellung noch Widerhall findet. Mögen alle, die sagen, dass sie Jesus nachfolgen, einsehen, dass sie von Israel den Namen Gottes empfangen haben: »Gott der Befreiung, Gott der Lebenden, er allein«.

Hier passt auch ein »Gebet des Bewusstwerdens«, in dem die örtliche Gemeinde zu realisieren versucht, inwieweit sie die auch heute noch gängige christliche Einstellung zu den Juden teilt oder ihr keinen Widerstand entgegenstellt. Zum Abschluss eines solchen Gebets, das mehr Fürbitte als Schuldbekenntnis sein sollte, kann der Psalm 130 gesungen oder gesprochen werden.

Aus Tiefen rufe ich zu dir.
Herr, höre meine Stimme.
Lass deine Ohren offen sein
für meine Stimme, die um Gnade fleht.
Wenn du die Sünden behalten würdest,
Herr, wer könnte bestehen?
Ja, bei dir ist Vergebung;
so willst du, dass man dich kennt.
Ich bin, Herr, voller Hoffnung;

meine Seele harrt auf sein Wort.
Meine Seele harrt auf ihn,
so wie die Wächter auf den Morgen,
die Wächter auf den Morgen.
Harre, Israel, auf ihn!
Denn überreich ist bei ihm
Bereitschaft zu vergeben,
Kraft zu befreien. Er wird Israel befreien
von aller Macht der Ungerechtigkeit.

Es ist eine ehrwürdige Gepflogenheit, am Karfreitag die »Passion« von Jesus vorzulesen oder zu singen. Aber eine Leidensliturgie ohne die Vision der Auferstehung liegt nicht im Sinne des Zeugnisses der Evangelien. Darum schlage ich vor, dass Leiden, Tod und Auferstehung Jesu zusammen in einer liturgischen Feier vor Augen gestellt werden.

An diesem Tag, an diesem Abend,
in dieser Nacht von Brudermord und Krieg,
sieh uns, deine Menschen,
Welt voller Gewalt, Fronten, Gettos,
besetzte Gebiete,
Welt voller schleichendem Unrecht,
mehr und mehr Armut,
alte Menschen, immer einsamer sterbend,

junge Menschen, das Lebenslicht hassend –
auf dieser geschundenen Erde
sieh deine Menschheit.

Möge für uns Wahrheit werden,
was geschrieben steht,
was bis heute vorgelesen und erzählt wird:
»Aus ihrem Elend
stieg ihr Hilfeschrei empor
und er hat gehört, er hat gesehen,
er weiß und er ist herabgestiegen,
um zu befreien.«

Du Hirte Israels, höre unser Gebet,
Behüter Josefs, komm uns zu befreien.

Ich träumte und sah: eine Schar von Kindern, alle schleppten einen Steinblock auf ihren Schultern. Sie mussten noch weit gehen, bis dorthin, wo sieben verkohlte Bäume standen, da sollte etwas mit den Steinen gebaut werden. Zehn Kinder zählte ich und dahinter zahllose gebeugte Schatten. Ich will sie nicht sehen, ich nehme meinen Kopf ab und halte ihn hinter meinen Rücken.

Die Erde: ein großes Chaos, vollgestopfte Leere, überfüllte Autobahnen, Geisterfahrer, Leute, die wie blind über die Straße gehen. Da: ein Abgrund voll Wasser, dann eine Stimme wie eine Windböe, ein Atemstoß: Licht. Und es wurde Licht. Dieser Traum.

Ein lichtblaues Firmament, ein lichtgrünes Meer voller pfeilschneller Lebewesen, Vogelschwärme über einem lichtroten Berg, tanzende Pelikane. Dieser Traum. Ein schwarzes Meer, Wasser stehen mauerhoch, winzige Menschen dazwischen; das steile Ufer; vor ihnen, soweit die Augen sehen, ein Land voller Fruchtbäume; hinter ihnen brechen die Wassermauern zusammen und begraben die heranjagenden Pferde und Wagen.

Ich träumte: Ich stand in einer Ebene voller Totengebein. Windböen, Atemstöße und die Knochen bewegen sich aufeinander zu; Gerippe bedecken sich mit Fleisch und Haut; sie stehen auf, hoch aufgerichtet, lebende Menschen, eine unzählbare Menge. Ich träume: Ich fliege durch die Luft, einen Brief zwischen meinen Lippen; ich lande auf einem Gefängnishof, groß wie ein Erdteil; »frei«, rufe ich, »ihr seid alle frei« und ich zeige ihnen den Brief. Ich stoße die Pforten auf, sie drängen nach draußen, sie singen und vor ihren Füßen verändert sich das Land voller Steine in gerade Wege und blühende Felder.

Auszug, Heimkehr, das Ungeheuer getötet, der Mörder ein Mensch geworden: die ältesten Träume der Menschheit, das Erbe der Armen und Unterdrückten.

Warum tasten wir wie Blinde an den Mauern entlang und sind in der Blüte unseres Lebens wie Tote? Weil wir keine Träume mehr haben, diese Träume nicht mehr. Warum ist dieser Abend anders als alle anderen? Weil wir an diesem Abend von einem Leben träumen, das nicht durch harten Dienst verbittert wird, sondern von Freundschaft überwölbt. Ein Leben in einem weiten Land.

Die jüdische Bibel, die unsere Vorstellungskraft geformt und unsere Augen geschärft hat, bindet diesen Traum von einem erfüllten, menschenwürdigen Leben an den einen ewigen Gott, in dessen Herz diese Vision von Liebe entstanden ist.

Es soll einer dagewesen sein, damals, in Tagen wie den unseren, ein Mensch, wenigstens einer, der bereit war, für diese Vision von Liebe zu leben und zu sterben. Sie schleppten ihn nach Golgota, es war neun Uhr am Vormittag, als sie ihn kreuzigten. Vorübergehende verhöhnten ihn: »Andere hat er gerettet, sich selbst kann er nicht retten.« Es wurde drei Uhr mittags, Finsternis brach über das ganze Land herein. Dann rief er: »Gott, mein Gott, warum hast du mich verlassen?«

Ich träumte: Ich stand in einem hohen Raum, einer Kirche ähnlich, vor einer Sternenkarte und ich musste sagen, wo wir waren. Mit meinem Finger zeigte ich auf einen roten Punkt, bei dem die Worte standen: »Er ist nicht mehr hier, er ist auferstanden.« Als ich anfing, diese Worte zu erklären, ergriff mich eine fremde Sprache, ich verstand mich selbst nicht mehr – wie durch einen Strudel wurde ich an den Rand des Raumes gezogen.

Was bedeutet die Geschichte, dass dieser gekreuzigte Mann auferstanden ist? Die Antwort beginnt heute Abend, wie immer, mit einem Hinweis auf die jüdische Bibel, auf das Schöpfungslied der sieben Tage, auf die Geschichte von Auszug, Wüstenweg, Zehnwort. Die Zehn Worte, von denen es heißt, wir sollen sie uns »Tag und Nacht, zu Hause und unterwegs« wiederholen, wir sollen sie in unsere Kinder »schreiben«: »Diese Worte, dir gegeben, hier und heute, präge sie in dein Herz.«

Das sind deine Menschenrechte. Dein Recht, nicht ermordet zu werden, nicht ausgebeutet, schikaniert, vergiftet, verrückt gemacht zu werden. Aber auch das Lebensrecht aller anderen (jeder andere, der mit diesem vertrauensvollen Wort »dein Nächster« genannt wird). Ein Gott, der Eine, ruft die Einheit aller Menschen aus: Menschheit (»Mann-Frau und

Frau-Mann«). Nicht töten heißt, dass kein einziger getötet werden darf. Dann aber heißt leben: eintreten für das Leben, von wem auch immer.

Es gibt also immer etwas, das Tag und Nacht, zu Hause und unterwegs geschehen muss: Das Recht auf Leben muss gefordert, verteidigt, erkämpft werden; Lebensgefahr muss erkannt, verhindert werden; Lebenschancen müssen geschaffen werden, immer aufs Neue, bis zum Ende der Welt. Es muss kalkuliert und studiert werden. Ein Plan geschmiedet, ein Wort gefunden, ein Traum aufgeschrieben, Musik gemacht werden. Es müssen geheime Mülldepots und geistige Giftzonen abgegraben werden. Es muss aber auch gestreichelt und liebkost werden, es müssen Kinder geboren werden und manchmal auch nicht; es muss überlegt, überprüft, wiederhergestellt, vergeben und vergessen werden oder gerade nicht vergessen werden. Das alles muss immer geschehen, sonst stirbt das Leben. Was meinst du, ist es möglich, so zu leben? Schon möglich. Oder besser: Ganz bestimmt, das ist möglich!

»Diese Worte, dir gegeben, hier und heute«, sie sind nicht zu hoch, nicht zu weit weg; sie sind in deinem Mund, in deinem Herzen, du kannst sie ausführen. Sie sind zu verwirklichen, und wer sie verwirklicht, der überwindet den Tod in sich selbst, den

Terror, die Privilegien und die Selbstverständlichkeit von Mord und Totschlag und allem, was dazu führt.

Es solle einer dagewesen sein, damals, aus demselben Stoff wie wir gemacht; ein Mensch, wenigstens einer, der den Tod überwunden hat. Er wäre, einmal tot und begraben, nie der Auferstandene genannt worden, wenn man nicht an ihm gesehen hätte, wie er den Tod besiegte, als er noch lebte: dass etwas in ihm stärker war als der Tod, Etwas-in-ihm, Gott-in-ihm.

Du, der du all die Zehn Worte gehört hast (Einblicke ins weite Land, Funken eines Namens) und der du sie zu verwirklichen suchst – wenn du religiös erzogen bist, dann hast du wahrscheinlich eine Menge Fragen: über ein Leben nach diesem Leben, über die Auferstehung des Leibes und so. Manchmal, in nachdenklichen Augenblicken, grübelst du, was du noch glauben kannst. Aber dann zieht wieder diese Schar von Kindern durch dich hindurch, durch die Landschaft deiner Fantasie, unzählige gebeugte Schatten, die Steine schleppen, sich ins Nichts fortschleppen, zu den sieben verkohlten Bäumen. Und du machst dir einen Plan, bis spät in die Nacht, um wenigstens einem Kind den Stein von den Schultern zu nehmen. Und all die Fragen über ein Leben nach diesem

Leben? Die müssen und können noch eine Weile warten ... Ich meine, das ist im Geist dieses gekreuzigten Auferstandenen.

Ich träumte: Ich sah einen Zug von Kindern, die hielten alle einen großen Strauß Blumen über ihren Kopf. Sie hatten noch einen weiten Weg vor sich, bis zu den sieben leuchtenden, hoch aufblühenden Bäumen – um diese wird ein Garten gepflanzt, eine Gartenstadt gebaut. Zehn Kinder zähle ich, dahinter unzählige Lichtgestalten. Ich hebe den Kopf, fange an zu zählen: 10, 12, 70, 3000, verzähle mich – Ende des Traums.

Von unten, von innen

Der Weg des Menschen ist ein Weg durch die Wüste, hin zum »Land« der ewigen Verheißung. Von dem verheißen, dessen Name lautet »Ich-werde-da-sein« und der mit Zehn Worten der Befreiung dem menschlichen Leben Richtung und Zukunft gibt: Du sollst zu mir gehören, du sollst keinen fremden Göttern hörig sein, du sollst deinen Nächsten lieben, den Fremden bei dir; nicht töten sollst du. Worte der Befreiung, in denen »das Land« bereits eingeschlossen ist. Tu das und du wirst leben; tu das nicht und keine Gesellschaft, kein Land kann existieren.

Unter der Führung von Moses Nachfolger Josua wurde das verheißene Land in Besitz genommen, trotz einem Haufen Feinde, einer Horde Könige. Und unter der Führung begnadeter Männer und Frauen, Richtern wie Debora, Gideon, Jiftach, Simson versuchten die »Kinder Israels«, die zwölf Stämme, im Land zu leben, in Freiheit, in Recht und Frieden. Aber das gelang nicht. »Jeder tat, was ihm passte.« – Die Zehn Worte verstummten und sogar die Vision einer menschenwürdigeren Gesellschaft verlosch.

Dann wird Samuel berufen. Als die Israeliten auch unter seiner Führung nicht zur Ruhe und zum

Frieden kommen und die Bedrohung durch die Feinde, die Könige der Philister, nicht aufhört, wollen sie einen König haben, der ihre Kriege führen und gewinnen soll. »Und der eure Söhne holt, dass sie vor seinem Wagen herlaufen«, warnt Samuel, und der das Beste der Ernte fordert, um seine Höflinge damit zu versöhnen. Und sie bekommen ihre Könige, Saul, David, Salomo.

Die Bibel lässt uns über diese Königsherrschaft nicht im Unklaren. Die Erzählungen darüber sind mit prophetischer Hand in einer Zeit geschrieben, in der die Leute seufzen und stöhnen, die am meisten unter der Königsherrschaft zu leiden haben. Die Geschichten verkünden, dass kein Machtsystem, der Gesellschaft von oben auferlegt und aufgezwungen, eine menschenwürdige Gesellschaft zustande bringen wird, sondern nur das Erfüllen der Tora, der Zehn Worte des »Ich-werde-da-sein«.

Das ist »die Botschaft« der ganzen Königsgeschichte Israels und der Propheten, von Elija bis Johannes dem Täufer: Einzig im Tun der Gerechtigkeit, von unten, kommt das Königreich, nicht das von Saul und David und Salomo, sondern das Königreich von Ihm.

Jesus und seine Jünger sind zum letzten Mal beieinander, wahrscheinlich am Abhang des Ölbergs. Mit diesem Bild endet das erste und beginnt auch das »zweite« Buch des Lukas, die Apostelgeschichte. Er hat ihnen aufgetragen, in Jerusalem auf die »Verheißung des Vaters« zu warten; in wenigen Tagen werden sie mit dem Heiligen Geist getauft werden. Sie fragen ihn: Wirst du dann die Königsherrschaft in Israel wieder einrichten? Die Antwort ist ausweichend: Tag und Stunde weiß der Vater. Worauf es ankommt, ist vielmehr: keine Königsherrschaft mehr, sondern »Heiliger Geist«. Diese Worte weisen auf eine andere Herrschaft hin, einen anderen Aufbau der menschlichen Gemeinschaft. Nur im Geist der Geschwisterlichkeit und gegenseitiger Dienstbereitschaft kann Freiheit, Recht und Friede wachsen. Lasst den Geist König sein, den Geist der Tora. Eine Königsherrschaft von unten, von innen. Der Geist wird die Tora in die Herzen der Menschen schreiben und die Jünger Jesu werden Zeugen dieser Geistausgießung über alles Fleisch sein, die von Israels Propheten vorhergesagt wurde, »bis an die Grenzen der Erde«.

Am Anfang seines »ersten Buches« hat Lukas dem Boten Gottes Gabriel die Worte in den Mund gelegt, dass es ein Königreich ohne Grenzen und Ende geben werde: das Königreich des Heiligen Geistes – ein weites, einst verheißenes, noch nie gesehenes neues Land.

»Eine Wolke verbarg ihn vor ihren Augen.« Er ist weg, wir werden ihn nicht mehr leiblich sehen. Wir haben von ihm nichts anderes als das Wort, mit dem er uns aufeinander verweist – das Wort-von-Gott, das er selbst im Fleisch geworden ist: »Liebt einander«, Wort von Anfang an. Erstes und letztes Wort eines Königreiches über alle Grenzen hinweg.

Er sprach zu ihnen:
Dies sind die Worte, die ich euch gesagt habe,
als ich noch bei euch war:
dass alles erfüllt werden muss,
alles das, was in der Tora des Mose,
bei den Propheten und in den Psalmen
über mich geschrieben steht.

Dann öffnete er ihren Sinn,
dass sie die Schrift verstehen.
Und er sprach zu ihnen: So steht geschrieben:
Der Messias wird leiden
und auferstehen von den Toten am dritten Tag
und in seinem Namen

wird allen Völkern verkündet werden:
Umkehr zur Vergebung der Sünden.
Angefangen von Jerusalem aus, seid ihr Zeugen dafür.
Und siehe, ich sende
die Verheißung meines Vaters auf euch herab.
Bleibt also in der Stadt, bis ihr bekleidet werdet
mit der Kraft aus der Höhe.

Er führte sie hinaus in die Nähe von Betanien.
Er erhob seine Hände und segnete sie.
Und es geschah, während er sie segnete,
dass er wegging von ihnen
und hinaufgenommen wurde in den Himmel.
Und sie warfen sich vor ihm nieder auf die Erde.
Dann kehrten sie nach Jerusalem
in großer Freude zurück.
Und sie waren alle Zeit im Tempel
und segneten Gott.

LUKASEVANGELIUM 24,44–58

Was noch geschehen wird

Wenn dein Kind dich fragt: »Opa ist tot, wo ist er jetzt?«, dann kannst du sagen: Er ist eine kleine Flamme in der Sonne geworden. Wenn Opa ein warmherziger, leuchtender, ausstrahlender Mann war, dann ist das keine verrückte Idee. Und wenn er eher ein zurückhaltender, kühler Mensch war, dann liegt derselbe Gedanke nahe. Dieses Feuer in uns, dieses Licht in uns, das kommt von irgendwoher und bleibt irgendwo. In der Sonne. In dieser Lebensquelle, die für alle da ist und allen zuteilwird, dort bleibt es. Natürlich: sozusagen. Im Bild gesprochen. In Bildern und Gleichnissen. Die aber sagen mehr über ein Menschenleben als: Tot ist tot. Und auf jeden Fall: mehr als nichts.

Über den Geist Gottes mit Worten zu sprechen wie »Wind, Feuer, Licht, Lebensatem« oder ihn »Mutter aller Lebenden, Vater der Armen« zu nennen, ist Bildersprache. Ist der Heilige Geist der Wind in den Bäumen, der Sturmwind, der in die Eichen fällt, so wie die Liebesleidenschaft in die Menschen fällt, wie Sappho sagt? Leidenschaft von Leib zu Leib nenne ich nicht »Heiligen Geist«, so wenig wie die Brandung des Meeres und die Feuersglut der Sonne. Leidenschaft aber für Gerechtigkeit und Frieden, Glut des Erbarmens, das nenne ich Heiligen Geist. Ist der Heilige Geist unser Lebensatem? Wenn wir aus Gott, der Erbarmen ist, geboren sind, dann ist er der Atem dieses »ewigen Lebens«.

Heiliger Geist ist Kraft-in-Menschen; eine Gegenkraft, Wärme-Kraft gegen das, was hart, kalt und Stein in uns ist. In dem Maß, wie sich Menschen enger aneinanderbinden, für gute und für schlechte Tage, kommt die heilige Gegenkraft über sie – wenn sie auf Leben und Tod miteinander Dach und Tisch teilen wollen. »Dach und Tisch teilen« ist Bildersprache und bedeutet: bereit sein, mit den Armen Brot und Lebensweg zu teilen, mit Unglücklichen dein Lebenslicht.

»Atem, Feuer, Licht« sind die klassischen Worte, mit denen der Heilige Geist angerufen wird. Komm, Heiliger Geist, erfülle die Herzen deiner Gläubigen und entzünde in ihnen das Feuer deiner Liebe. *Veni creator spiritus* – »Komm, Schöpfer Geist«, singt unsere Mutter, die lateinische Liturgie.

Erschaffen heißt bewohnbar machen; Chaos in einen Tisch verwandeln, an dem deine Kinder essen können; Schutt wegräumen; tief sitzende Krankheitsherde heilen – Verzweiflung, Selbstverdammung, Gedankenlosigkeit. Erschaffen heißt »aus nichts etwas machen«, sagen die Philosophen. In der Bibel ist »nichts« ein anderes Wort für »menschenunwürdig«. Erschaffen heißt menschenwürdiges Leben ermöglichen. Heiliger Geist in uns ist Schöpferkraft: die Fähigkeit, aus dieser Welt eine Kette bewohnbarer Orte zu machen, eine Spur (eine Tradition) von Oasen in der Wüste.

In der Geschichte lässt sich eine Spur von Sinnworten erkennen, die uns zum Gewissen geworden sind: die Tradition der Tora. Die Tora ist das Wort Gottes. Der Geist Gottes ist der Geist der Tora. In den Worten der Tora ist der Geist Gottes uns gegeben. »Nicht töten, einander lieb haben, recht tun«, das geschieht in seinem Geist. Die Kraft dazu ist sein Geist in uns, Schöpfungskraft – nur in diesem Geist und aus der Kraft dieser Worte wird die Erde zu einem bewohnbaren Ort. Unser Wissen um diese Worte, dass sie wahr sind und dass sie zu befolgen sind – unser Gewissen –, ist Gottes Wort in uns.

Der Tag, an dem der Geist Gottes gegeben wurde, wird im Buch des Auszugs »der fünfzigste Tag« genannt, der fünfzigste Tag nach Pessach (Ostern), dem jüdischen Befreiungsfest.

Im dritten Monat
nach ihrem Auszug aus dem Lande Ägypten,
am fünfzigsten Tag,
kamen die Kinder Israels in die Wüste Sinai
und sie schlugen ihre Zelte auf am Fuße des Berges.
Mose ging hinauf zu Gott.
Eine Wolke bedeckte den Berg.
Donnerschläge ertönten,
Blitze durchschnitten die Wolke.
Dann erklang vom Berg her die Stimme
und Gott sprach diese Worte:

Ich, ich werde da-sein.
Ich, der Gott, der dich herausgeführt hat
aus dem Lande Ägypten, aus dem Sklavenhaus.

Du sollst keine anderen Götter haben
vor meinem Angesicht,
kein Gottesbild und kein Abbild von etwas,
das im Himmel oder auf Erden ist.
Du sollst meinen Namen nicht sinnlos gebrauchen.
Gedenke des siebten Tages.
Sechs Tage sollst du arbeiten, so viel du kannst.
Der siebte aber ist zum Ruhen.
Denn an sechs Tagen hat er Himmel, Erde, Meer
und alles geschaffen, aber am siebten – da ruhte er.

Verleugne nicht deine Vorfahren;
deinen Vater, deine Mutter, halte sie in Ehren;
und die Worte, die sie dich gelehrt haben –
dann wirst du viele Tage leben auf Erden.
Nicht töten. Nicht ehebrechen. Nicht stehlen.
Nicht falsches Zeugnis geben gegen deinen Nächsten.
Nicht sein Haus begehren, seine Frau,
seinen Knecht, sein Vieh – nichts von ihm.

EXODUS 19–20 (FREI BEARBEITET)

Da standen sie am Fuße des Berges – sie? Wir. Ich. Ich stand da, in der Menge; ich war die Menge. So, wie ich jeder Einzelne und die ganze Menschheit bin, Adam. In meiner eigenen Sprache empfing ich das Wort und Widerhall fand es in meiner eigenen Sprache – ich wurde so angesprochen, wie ich geschaffen und gesehen und erkannt bin (»Ich war noch nicht geboren, da hattest du mich schon gesehen«, Psalm 139).

Kein Mensch ist Nicht-Adam, Nicht-ich. So denkt die biblische Glaubenserzählung über Menschen. Niemand bleibt von dieser Sinai-Stimme unangesprochen. In der jüdischen Auslegung dieser Erzählung vom fünfzigsten Tag, in der »mündlichen«

Lehre, die innerhalb der jüdischen Tradition die geschriebene Geschichte weiter begleitete, wird festgestellt, dass die Tora in allen Sprachen der Welt gegeben wurde. Damit niemand sagen kann: »Ich wusste nichts davon. Nicht töten? Nie davon gehört.«

In diesem Bild von der Stimme, die die zehn Freiheit schaffenden, Menschengemeinschaft stiftenden Worte spricht, und von der hörenden »Gemeinde« der Israeliten ist die Geburt des Gewissens dargestellt. Seitdem wissen wir, was wir zu tun und zu lassen haben, was verhindert und was geheilt werden muss. Bin ich der Hüter meines Bruders? Ja, ich.

Was weiß ich von meinem Gewissen? Dass in mir mehr Kraft steckt als die vitale Kraft der Selbstbestätigung und der Selbstentfaltung: die Kraft, meine Freiheit einzuschränken, damit mein Bruder leben kann. Rechttun ist Einschränkung des »Rechts des Stärkeren«, damit auch die anderen, die weniger Starken, leben können. Diese Gewissheit nennt die Bibel »Wort Gottes«.

Der Tag, an dem der Heilige Geist der Tora »über allem Fleisch ausgegossen wurde«, so wie die Propheten vorhergesagt hatten, wird »fünfzigster Tag« genannt. Am fünfzigsten Tag, im dritten Monat –

nach der Kreuzigung, dem Tod und dem Begräbnis Jesu von Nazaret –, damals, als wir noch dachten: Dieses Ende war das Ende von allem, so wie er tot dalag, wie ein zerstörter Tempel – am fünfzigsten Tag saßen wir an einem Tisch, unter einem Dach.

Und es geschah:
Plötzlich aus dem Himmel ein Geräusch,
wie von einem gewaltig dahinfahrenden Atem,
und voll davon wurde das ganze Haus,
in dem sie saßen.
Und es wurden von ihnen gesehen:
Zungen wie von Feuer, das sich in Flammen zerteilt,
und es setzte sich auf jeden von ihnen.
Und alle wurden mit Heiligem Geist erfüllt.
Und sie fingen an, mit anderen Zungen zu reden,
so wie der Geist ihnen zu reden eingab.
Nun waren da Leute, die anderswo lebten,
sich aber nach Jerusalem ausrichteten,
gottesfürchtige Männer,
aus allen Völkern unter dem Himmel stammend.
Als die Stimme geschah, lief die Menge zusammen
und ward bestürzt, denn jeder hörte sie
in seiner eigenen Sprache sprechen.
Und sie gerieten außer sich,
wunderten sich und sagten:

Sind nicht, siehe, diese alle,
die da sprechen, Galiläer?
Und wir, wieso hören wir, jeder von uns,
sie in unserer eigenen Sprache,
in der wir geboren sind –
Parther und Meder und Elamiter
und die in Mesopotamien, in Judäa,
in Kappadozien, in Pontus und Asia,
in Phrygien und Pamphylien,
in Ägypten und den Gebieten Libyens bei Cyrene
und die hier wohnenden Römer,
Judäer und Proseliten auch, Kreter und Araber –
wieso hören wir sie in unseren eigenen Sprachen
über die Großtaten Gottes sprechen?
Und alle gerieten außer sich
und wussten nicht mehr ein und aus.
Einer sagte zum anderen: Was bedeutet das?
Andere wiederum spotteten und sagten:
Die da sind voll von süßem Wein.

APOSTELGESCHICHTE 2

Und dann folgt die große Ansprache des Petrus, in der der gekreuzigte Jesus als Messias für Israel und die Völker ausgerufen wird. In der jüdischen Erwartung ist »Messias« der, der Israel und die Völker in

Frieden zusammenbringen und der die trennenden Mauern niederreißen wird.

Wenn »Heiliger Geist« ohne Unterschied über »alles Fleisch« ausgegossen wird und alle trennenden Mauern, alle Sprachbarrieren zwischen »allen Völkern unter dem Himmel« niedergerissen werden – ist dann nicht der Messias gekommen?

Er ist in Jesus gekommen, prophezeit der heftige, torafromme Paulus. Die Damaskusstunde, in langen Wüstenjahren vertieft und deutlich geworden, die Jesuserscheinung, die er als Letzter der Apostel empfangen hatte, war die Vision der niedergerissenen Mauern; Juden und »Völker« an einem Tisch, Sklaven und Herren, die einander die Füße waschen, Männer und Frauen gleichwertig. Und die Gemeinde, die »ekklesia«, ist der Ort, an dem das geschieht und der Geschichte macht. »Nicht mehr Jude oder Grieche, nicht mehr Knecht oder Herr, nicht mehr Mann oder Frau – alle seid ihr eins, eine Menschheit, im Messias Jesus« (Galater 3,28).

Nur in diesem »Heiligen Geist« ist eine menschliche Gesellschaft möglich, sagt Paulus. Und er geht noch weiter: Wer dagegen unter Berufung auf den »Buchstaben« der Tora die trennenden Mauern aufrechthält oder neu errichtet, der macht die Tora zu einer tödlichen Einrichtung. Wenn er zum Beispiel die Beschneidung den »Kindern der Völker« auferlegen will, die durch Jesus zum Gott Israels gekommen sind.

Dieses leidenschaftliche, ungeschminkte, einseitige, folgenschwere Urteil des Rabbinenschülers Paulus über seine eigene religiöse Tradition hat in der »Jesus-Gemeinde-aus-den-Völkern« zu unerleuchteten und bösartigen Urteilen über das Judentum geführt. Und es hat die Rabbinen in ihrer Auffassung bestärkt, dass sie die »Gemeinde-der-Kinder-Israels« durch eine möglichst buchstabengetreue Torabefolgung festigen und für die Zukunft bewahren müssten.

Und so geschah es, dass die »ekklesia« (ein Wort von Paulus) und die rabbinisch-jüdische Gemeinde getrennte Wege gingen. Als sich der Kaiser der Völker, Konstantin von Rom, im Jahr 311 dem Christentum zuwandte, wurde die Jesus-Gemeinde (die lange im Untergrund lebte und bestenfalls geduldet wurde) zur »offiziellen Kirche«, Trägerin der einen wahren christlichen Religion und diente zur Legitimation (als »ideologischer Überbau«) des auf irdische Macht gerichteten Staatssystems Konstantins und seiner Nachfolger. Das rabbinische Judentum, das sich eigensinnig von aller irdischen Macht fernhielt, wurde durch das einflussreich gewordene Christentum in Gettos verbannt, verfolgt, zur »Bekehrung« gezwungen oder umgebracht.

In der Erscheinungsform und im Zeugnis der »offiziellen« christlichen Kirchen »funktioniert« Jesus nicht als Messias. Israel und die Völker leben nicht in Frieden miteinander. Die trennenden Mauern sind noch nicht eingerissen, Pfingsten ist noch weit weg. Die Vision der Propheten Israels bis hin zu Paulus und zusammen mit ihm ist immer noch Zukunftsvision.

Wir feiern nicht, was geschehen ist, sondern was noch geschehen wird.

Es gibt verschiedene Begabungen,
es ist aber derselbe Geist.
Es gibt verschiedene Aufgaben zu erfüllen,
es ist aber derselbe Herr.
Es gibt verschiedene Werke zu tun,
es ist aber nur der eine Gott,
der alles in allen wirkt.
In jedem von uns offenbart sich der Geist,
denn jeder hat seine Begabung,
um damit allen zu dienen.
Dem einen wird durch den Geist

ein Wort der Weisheit gegeben;
einem anderen Worte der Wissenschaft
aus der Kraft desselben Geistes.
Einem dritten, durch denselben Geist,
der Glaube, der Berge versetzt.
Wieder anderen schenkt er die Gabe,
Krankheiten zu heilen, Wunder zu tun.
Auch erweckt der Geist
in ganz verschiedenen Menschen
die Vision einer kommenden Welt
und lehrt sie unterscheiden,
was recht und was schlecht ist,
und gibt ihnen feurige Zungen, ihn zu bezeugen,
und Sprache, einander zu verstehen.

1. KORINTHERBRIEF 12,4–10

Ist das eine Gemeinde? Noch nicht. Erst wenn der eine Geist in allen die Einsicht weckt, dass sie aufeinander angewiesen sind, so wie die einzelnen Glieder eines Leibes aufeinander angewiesen sind; erst wenn sie bereit sind, Leid und Freude miteinander zu teilen; erst wenn wir einsehen, dass die geringsten Glieder die kostbarsten sind und was es bedeutet, füreinander in Liebe zu sorgen – dann sind wir eine Gemeinde.

Dieser kleine Briefabschnitt über die Gemeinde, über das Zusammenwirken aller Kräfte zu einem Organismus der Geisteskraft, damit nichts und niemand außerhalb des Bereichs der Liebe sei, endet mit den Worten: »Leib des Messias«.

Verstehen wir dieses Wort? Schau deinen eigenen Leib an, betrachte ihn mit Staunen und Ehrfurcht, wie alt du auch sein magst; betrachte ihn mit den Worten des Dichters von Psalm 139: »Ich will dir danken, Gott, dass du mich so wunderbar gemacht hast«; den Leib, mit dem du zur Arbeit gehst; in dem deine Stimme und dein Gewissen wohnt; in dem du gegenwärtig bist, sichtbar, liebenswert; in dem du für den anderen ein Segen und eine Last, eine Aufgabe und eine Erfüllung bist, ein Nächster; dieser Seele-Geist-Atem-Leib, der du bist, der »ich« sagt – selbst dann noch, wenn er todkrank ist, sagt er noch »ich«, hier bin ich –, stell dir vor, es gäbe ihn nicht, das geht nicht, so wirklich ist er. Und so wirklich wie ihr seid, sagt Paulus, so wirklich ist der Messias in dieser Welt, wenn ihr einander lieb habt.

Es ist der Liebe eigen (das weiß jeder, der ein bisschen davon weiß), dass man alles vom Geliebten wissen möchte. Eine Ekklesia, die sich von den Worten des Paulus über den »Leib des Messias« leiten lässt, muss sich darin üben, alles zu umfassen und zu verstehen. Das ist Vollzug von »Gottesdienst« – es geht um den einen Gott, der alles in allen ist. Nur sie, die alles verstehen und umfassen, können alle Unterschiede untereinander überwinden.

Die Gemeinde müsste ein Ort werden, an dem alle trennenden Mauern niedergerissen sind; an dem die üblichen Einteilungen, die Instanzen und Institutionen und die dahinterstehende Mentalität nicht mehr gelten. Dort sind wir nicht mehr »Juden« und »Nicht-Juden«, sagt Paulus, nicht mehr Knechte oder Herren, Frauen gegenüber Männern, homo- oder heterosexuell, sondern eine neue Menschheit, eine neue Schöpfung im Messias.

Wäre es möglich, bei unseren kirchlichen Zusammenkünften und unserer »Gemeindebildung« dieser durch die Tora inspirierten Vision des Paulus konkrete Gestalt zu geben?

Es gibt in dieser Welt eine verborgene Gemeinde, einen verborgenen Leib des Messias. Eine Geist-Gemeinschaft von wachsamen (betenden), Gerechtigkeit schaffenden Menschen. Diese verborgene Gemeinde ist überall und nirgends oder aber »an Ort und Stelle«. Sie ist: Menschen, die an dem Ort und der Stelle ihres Lebens so gut wie möglich sind. Meist sind sie einander unbekannt. Manchmal erkennen sie einander als »Geistesverwandte« (Visionsverwandte), wenn etwas in ihrem »Geist« ausgesprochen wird (etwa in einem politischen Programm) oder in einem Zeichen öffentlich wird (etwa in einer Demonstration gegen Ungerechtigkeitsregime).

Wir dürfen hoffen, dass diese verborgene Gemeinde auch in dem, was wir kirchliche Gemeinde nennen, anwesend ist. Eine »kirchliche Gemeinde« sind Menschen, die zum Wort der Gerechtigkeit die Tat fügen. Sie hat es auf sich genommen, die Vision der Sprache der Hoffnung wachzuhalten. Bei ihren Zusammenkünften (darf sie hoffen) kommt die verborgene Gemeinde zum Vorschein und erkennen Visionsträger und Geistesverwandte einander.

Leben,
ihm nach

Die Vision des Paulus – Sein Brief an die Römer

Harlem

In der *Abyssinian Baptist Church*, einer schwarze Kirche in Harlem, New York, wurde am Sonntag, den 18. Juli 1999, über Römer 8 gepredigt und gesungen, einen der heftigsten Texte der christlichen Tradition: dass nichts uns scheiden kann von der Liebe Gottes in Jesus. Als Pfarrer Calvin Butts diese Worte in seiner Predigt zitierte, wurde geklatscht und »Ja« gerufen und geweint: So war es, als sie noch als Sklaven auf den Plantagen im Süden arbeiteten, so wie einst die Kinder Israels in Ägypten, und nun waren sie frei, in Harlem; sie wussten, dass das Wort wahr ist, aus eigener Erfahrung, und sie strahlten voll von dieser Gewissheit, in ihren schönsten Kleidern, und feierten das Abendmahl und waren zuvorkommend für die Dutzende weißen Brüder und Schwestern, die meisten Touristen.

Ich war gerührt und beschämt angesichts so viel aufrechten Glaubens – ich erinnerte mich, Römer 8 einmal übersetzt zu haben, und dass ich zu diesem Text ein Lied geschrieben hatte, *Gott, der uns voraus-*

kennt, vor vierzig Jahren, mit Zeilen wie: »Was immer uns betrifft / wiegt er mit Hoffnung auf« (übersetzt von Peter Pawlowsky).

John Kennedy jr. war am Freitag zuvor bei gefährlichem Wetter mit seinem Flugzeug gestartet, zusammen mit seiner Frau und seiner Schwägerin, und sie waren an jenem Sonntag weder am Bestimmungsort angekommen noch gefunden worden: Darauf wurde durch Pfarrer Calvin Butts zweimal angespielt und niemand glaubte, dass sie noch lebten – und doch waren sie in dieser Stunde in Harlem davon überzeugt, dass das Leiden dieser Zeit nicht die Herrlichkeit aufwiegt, die in uns offenbar werden wird – »das Licht, dass uns einst bekleiden, uns durchleuchten wird« – so versuche ich die alten, theologisch beladenen Worte zu übersetzen.

Wir liefen durch Harlem, an Buden entlang, so wie man sie hier nicht mehr sieht. Ich nahm mir vor, Römer 8 aufs Neue zu studieren, vielleicht muss nach so vielen Jahren alles aufs Neue und von vorne buchstabiert und übersetzt werden.

Was für ein Text ist das achte Kapitel des Römerbriefs? Es ist eine Argumentation, ohne Logik, fast nicht zu folgen; es glitzert und du schwindelst; es ist wahr, so wie eigensinnige Liebe wahr ist; es wird wohl so sein, aber du hörst zu und wunderst dich, du kannst es nicht nacherzählen, aber du befindest dich in einem großen Raum. An wen ist dieser Text gerichtet? An die Gemeinde, die »Ekklesia« von Rom. Aber wer war das?

Rom

In Rom, in einer Schleife der Tiber, wo jetzt Trastevere ist, an der armen Seite, am Rand der damaligen Stadt, war eine Synagoge versteckt in einem unscheinbaren Haus. Da kamen Juden und Römer zusammen am ersten Tag der Woche, im Namen von Jesus – Jesus Messias, der getötet, ja ermordet wurde und zum Leben auferweckt: So lautete kurz das Evangelium, das sie zusammenführte und beisammenhielt. Juden in der Zerstreuung [Diaspora], fern von Zuhause, Anwohner, Fremde mit unsicherem Stand. Im Jahr 48 wurden durch das Edikt des Imperators Claudius alle Juden aus Rom hinausgetrieben, acht Jahre später dürften sie wieder herein – damals etwa schrieb Paulus seinen Brief an die Ekklesia von Rom, einen Brief an verfolgte Juden und verdrehte Römer, Kaiser-Abtrünnige – die sich bekehrt hatten zu der Vision einer anderen Welt, die »Reich Gottes« genannt wurde. Eine machtlose Handvoll Juden und Römer, angefochtene Seelen. Gesenkten Hauptes sitzen sie zusammen, am ersten Tag der Woche, Auferstehungstag. Ein jüdischer Schriftgelehrter steht auf und erzählt, wie seine Väter, Gefangene an Babels Strömen, gelebt haben mit der gleichen Vision und mit den gleichen harten Tatsachen vor Augen: eine Welt voller Unterdrückung, Angst, Verfolgung, Hunger, Todesnot. Und wie sie geklagt haben und ihren Gott, den Gott der Vision, zur Verantwortung gezogen haben.

Und dann hat er ihnen Psalm 44 vorgelesen, eine Klage gegen den Namen, gegen den Gott des Auszugs und der Befreiung, in dessen Name »Ich-werde-dasein« die Vision einer anderen Welt beschlossen liegt:

Du hast uns erniedrigt, verstoßen,
du lieferst uns aus als Schlachtvieh,
du zerstreust uns unter den Völkern –
das alles ist über uns hereingebrochen, und doch –
wir haben dich niemals vergessen,
unser Herz war niemals untreu,
obwohl du uns gekrümmt gehen ließest
durch den Ort, wo die Schakale hausen.
Deinetwegen tötet man uns – Tag für Tag.
Sieht man uns an wie Schlachtvieh –
eine Truppe Schafe.

NACH EINER NIEDERLÄNDISCHEN ÜBERSETZUNG VON IDA GERHARDT UND MARIE VAN DER ZEYDE

Die machtlose Handvoll, dort in Rom in jenen Tagen, hat sich in diesem Protestlied wiedererkannt. So wie in unseren Tagen, hier in dieser Welt, Menschen sich in diesen Worten wiedererkennen: »Deinetwegen werden wir getötet, abgeschlachtet wie Vieh, deinetwegen und wegen deiner Vision.« So haben sie gegen Gott »gebetet«: Warum tust du uns das an? Wo bleibst du? Warum wird deine Vision nicht Wirklichkeit? Deinetwegen geschieht es, dass wir uns nicht abfinden mit den Tatsachen, uns nicht fügen in das System. Wir haben dich und deine Vision nicht verlassen – du hast uns verlassen. Und noch geben wir nicht auf, Hoffnung gegen Verzweiflung.

Messiasleib

An diese Menschen – an Menschen wie diese schrieb Paulus seinen Brief; voller Anspielungen auf die Schriften seiner Tradition, die Worte des Mose und der Propheten und Psalm 44. Paulus weiß, was sie fühlen, er kennt ihre Verzweiflung aus eigener Erfahrung. Er sagt: Diese Welt mit all den Völkern, die unter kaiserlichem Regime ausgeplündert und zu Sklaven gemacht werden, das ist – ja was? So ist es, immer noch. Aber nun entscheide ich mich, sagt Paulus – das ist sein Ausgangspunkt –, dass ich auf diese geschändete, leidende Welt sehen will, ausgehend von der ursprünglichen Absicht Gottes. Ich entscheide mich, zu denken, dass Gott am Wirken ist, um eine neue Welt zur Welt zu bringen; all dieses Leiden sind Geburtswehen. Diese Welt seufzt und leidet, so wie eine Frau in Wehen bis auf den heutigen Tag.

Natürlich ist das eine Interpretation der Tatsachen. Du kannst sie auch anders deuten: als reinen Zufall oder blindes Schicksal. Ich, Paulus, entscheide mich nicht wild drauflos, ich denke und hoffe nicht nur so vor mich hin [ins Blaue hinein]. Ich denke und hoffe dies, weil ich es »geschaut« habe in Jesus von Nazaret. Er ist der Erstgeborene der neuen Welt. Das habe ich eingesehen, als ich durch ihn gerufen wurde; als ich, durch ein heftiges Licht zu Boden geworfen, vom Verfolger zum Nachfolger wurde. Als ich danach drei Jahre in der Wüste war und *einmal* weggerissen wurde zum dritten Himmel, hinaufgeführt zum Paradies und dort »unsagbare Worte« hörte. Seitdem weiß ich, was ich weiß, und hoffe, so wie ich hoffe, sehnsüchtig Ausschau haltend, auf dass offenbar werden mag, wer wir sind. Dass diese unsagbaren Worte in Erfüllung gehen werden: neue Menschheit, mit Licht bekleidet, Messiasleib, am Tod vorbei.

Was, Paulus, hast du geschaut in Jesus von Nazaret? Ich habe eingesehen, dass er ein Gerechter war, der die Vision in ihrer vollen Schwere getragen hat;

der, wegen dieser Vision durch Handlanger des Regimes, das diese Welt bitter macht, aus dem Weg geräumt wurde. Der aber auf ihr beharrte, sich nicht mit den Tatsachen abgefunden hat; der verzweifelt Gott gerufen hat: »Warum hast du mich verlassen?« – doch ich verlasse dich nicht, ich verleugne nicht deine Vision: Messiasleib, am Tod vorbei. Wegen dieser Treue hat Gott diesen gekreuzigten Sklaven herausgerufen, erhöht, verherrlicht zum Erstgeborenen der neuen Welt.

Unsagbare Worte

Paulus sieht die Ekklesia, jene in Rom damals, die wo auch immer bis zum Ende der Tage: als den Leib des Messias Jesus. »Ekklesia« sind die, die den Beginn einer neuen Welt »geschaut« haben. Schließ dich diesem neuen Beginn an, sagt Paulus, werde selbst zum Beginn der »neuen Welt«! Identifiziere dich mit diesem Gerechten, mit seiner Verzweiflung *und* mit seinem Ausharren. Gleiche ihm in seiner Treue gegenüber der Vision – dann wirst du von ihm untrennbar sein. Du wirst sein Stellvertreter sein, seine sanfte Kraft, seine »Ausstrahlung« in dieser Welt.

Worte auf Teufel komm heraus – Paulus, du gehst ziemlich weit! Paulus, was redest du uns ein? Ach, fürchte dich doch nicht, so weit zu gehen, sagt er und geht noch darüber hinaus: Gott-Ich-werde, sagt er, hat dich von Anfang an dazu geschaffen, dazu bestimmt – schon eh du da warst, schon im Mutterschoß: Du warst noch ungeboren, da hatte er dich schon gesehen. Das sind die Orakelsprüche der Liebe. So wie du dein Kind lieb hattest, als es noch im Schoß war, so hat Gott dich lieb gehabt und bestimmt, zu Jesus zu gehören, dem Erstgeborenem einer neuen Schöpfung.

Wer wagt das? Es hat welche gegeben, die bei vollem Verstand und mit dem Tod vor Augen das gewagt haben. Gegen Ende von Paulus' berüchtigtem Römerbrief wird der Text zum Lied, prophetisch gewagt, prophetisch sicher, wagt er sich weit hinaus, fast zu weit:

Noch sind wir in Angst und Verfolgung,
in Nacktheit und Lebensgefahr,
leiden wir Hunger, Gewalt,
so wie geschrieben steht:
Weil wir dich nicht verleugnet haben,
werden wir getötet den ganzen Tag,
abgeschlachtet wie Vieh.
Aber doch sind wir unüberwindbar,
wir überleben alles
aus der Kraft von Gott-Ich-werde, der uns lieb hat.

RÖMER 8,35–36

Wer sind wir? Alle in dieser Welt, die abgeschlachtet werden wie Schafe. Und wir, die diesen Worten in unserer Tradition begegnen, die sie nicht ausgedacht haben, sie kaum oder gar nicht wagen – manchmal, einen Augenblick, in der Stunde der Liturgie sprechen wir sie aus, rituell, stellvertretend, im Namen einer stumm geschlagenen Menge, die niemand zählen kann: Noch sind wir in Angst und Verfolgung. Und doch sind wir unüberwindbar, alles überleben wir aus der Kraft von Gott-Ich-werde, der uns lieb hat. Und dann, plötzlich, wird das »wir« im Text zum »ich«, »ich, Paulus«, der in den Himmel entrückt wurde, der dort unsagbare Worte hörte und das Undenkbare sagte:

Aus dieser Gewissheit lebe ich:
Kein Tod und kein Leben,
keine Engel und keine Dämonen,
kein Jetzt, keine Zukunft,
kein Regime,
kein Raum über uns, kein Abgrund,
nichts und niemand ist imstande,
uns zu scheiden von der Liebe,
mit der Gott-Ich-werde uns umringt
in dem Messias Jesus, unserem Herrn.

RÖMER 8,38–39

Je gehört

Die »Ekklesia« wird in den ältesten Schriften des Christentums, den Briefen des Paulus, »der Leib des Messias« genannt. »Leib« ist Anwesenheit, Energie, Ausstrahlung – ein Leib ist kein Traum, keine Illusion, keine Fiktion. Die Ekklesia sollte, wo immer sie sich in dieser Welt aufhält, messianisch zugegen sein: energisch, mutig, hilfsbereit, barmherzig, Hoffnung ausstrahlend – und alle Glieder des Leibes auf ihre je eigene, unersetzliche Weise. In der Parabel vom barmherzigen Samariter, Jesus in den Mund gelegt, wird der Ekklesia vorgesprochen, wozu sie gerufen ist. Je von gehört? Die Ekklesia ist, wie keine andere Wirklichkeit, der Ort, wo das flüchtige Fluch- und Füllwort »Gott« aufgeladen wird zum Namen »Ich-werde-da-sein«, Gott-Befreier.

Dass wir allen Flüchtlingen einen sicheren Ort in Europa geben wollen würden, das ist nach dem Herrn Baal-Mammon ein »Solidaritätsphantom« oder eine lächerliche Illusion. Dass nach einem Wort des jüdischen Philosophen Emmanuel Levinas wir Menschen »auserwählt sind, einander zu dienen« – das nennen die Anhänger des gängigen Ökonomie-Gottes die »Ethik der Selbstvernichtung«, die »Sklaverei der Nächstenliebe«. Und dabei müssten wir nicht bleiben – das meint die meistgelesene Schriftstellerin der Welt, Ayn Rand, davon müssten wir weg, von diesem Altruismus, der nur Schuldgefühle brächte.

Je gehört,
dass vierundzwanzig Mal hundert Jahre her
in einem entlegenen Winkel des Nahen Ostens
geschrieben wurde: »Höre, du!

Ich, der Name-Ich-werde, ich bin der Gott,
der dich aus dem Sklavensystem,
dem Diensthaus Ägypten,
geführt hat.«

Jener Gott, jene Stimme, jenes Wort,
je gehört?

*

Je gehört,
dass seit zehntausend Jahren bis heute
aus den Babeltürmen dieser Welt
geblitzt wird: »Höre, du!

Ich, der Herr Baal-Mammon, bin der Gott,
der dich aus dem Solidaritätsphantom,
dem Diensthaus Nächstenliebe,
geführt hat.

Ich kenne des Menschen Gehirn
und habe Zeit.«

*

Je gehört,
dass ein wehrloser Mensch niedergeschlagen wurde,
dass ein Mensch es sah und gerührt wurde,
bei ihm niederkniete, schweigend,

dann ihn in seinen Armen trug und dorthin brachte,
wo es sicher ist, eine Welt, neu,
wo Menschen geheilt werden
von der Raserei –

jener Mensch, jene neue Welt –
so einer wirst du?

FÜR TON VEERKAMP

Die Hoffnung des Glaubens

Glaube ich an Gott, den Vater, den Allmächtigen? Wenn »Glauben« bedeutet: Ich hoffe, ich verlange danach, ich vertraue mich dir an – ich setze mich ein, ich lebe für, ich lebe das Wort »Gottes«. Wenn Gott bedeutet: Anfang, ein neuer Anfang, Brunnen von Neuanfang, Freiheit schaffende Freiheit, Brunnen von Licht vom Licht. Wenn »Vater« bedeutet: Mutter-und-Vater, Elternschaft. Und wenn Elternschaft beinhaltet: Raum geben, Raum behüten, Raum wiederherstellen, damit kein Menschenkind bedroht, geschlagen, geopfert wird. »Allmächtig«? Wenn Allmacht Freundschaft und Erbarmen umfasst und Gewaltlosigkeit die Macht des Bösen bricht, siebzigmal siebenmal Vergebung und Liebe, die stärker als der Tod ist – ja, dann glaube ich daran.

Und an Jesus? An den Feurigen, Licht Bringenden, Freundschaft Ausstrahlenden, wieder und wieder Lebendigen – in einer Welt, die so verhärtet und verwirrt wie die unsere ist. Der in Synagogen seiner Heimat mit einer ungekannten Autorität die Tora des Mose und der Propheten auslegte und sie begeisterte, sodass sie wie neu klangen. Von dem eine Kraft ausging, die viele tröstete, öffnete und aufleben ließ.

Der mich lehrte, dass ein Mensch, wie alt er auch sein möge, neu geboren werden kann. An diesen Raum schaffenden, brüderlichen, Weg weisenden, mit Liebe erfüllten jüdischen Mann, Sohn Israels, Menschensohn – an ihn glaube ich. Der zieht mich an, er hat etwas Besonderes, er hat einen Gott, bei dem nichts unmöglich ist. Seinen Gott möchte ich auch.

Der Gott der Bibel der Juden ist weder Mensch noch Tier, er ist weder Fleisch noch Fisch, weder Sonne noch Mond, sondern er wird Gott der Herr (oder sogar »unser lieber Herr«) genannt und in Liedern und Gebeten heißt es: Er und: allmächtiger Vater. Ist Gott ein Mann? Oder ist er »männlich« (etwas weniger »Mann«)? Erfährt man ihn auf die Weise, wie Männer sich selbst und andere erfahren? Oder so, wie Frauen Männer erfahren? Das sind zweifellos verschiedene Erfahrungen. Es gibt darin aber etwas Gleichbleibendes und dieses wird »Er« genannt. Inwieweit findet die noch immer übliche Zurücksetzung von Frauen, sicherlich auch in den Kirchen, eine Stütze in dieser Sprache?

Gibt es eine Möglichkeit, dieses deprimierende Problem wenigstens in unseren Gebeten zu überwinden? »Du, der du über die Menschen hin ›Gott‹

genannt wirst. Über Knecht und Herr, Jung und Alt, Mann und Frau, Weiß und Schwarz, über alle unsere Gestalten und Gegenüberstellungen hinweg nennen wir dich so, wie du seit jeher in Israel erkannt werden willst: Ich-werde-da-sein. Quelle des Lichts, Schoß des Lebens, Herz, größer, als unser Herz ist.«

In der biblischen Glaubenserzählung wird von »Ich-werde-da-sein« gesagt, dass er keine Gestalt besitzt. Er ist nicht zu sehen; nur eine Stimme, die »aus dem Feuer« zu hören ist: »Wir haben ihn aus dem Feuer sprechen gehört. Wir wissen jetzt, dass ein Mensch am Leben bleiben kann, wenn Gott zu ihm spricht« (Dtn 5,24). Dieser Gott lässt sich nicht abbilden, ob in Gestalt eines Mannes, einer Frau, eines Vogels, eines Lammes oder eines Stieres. Nur »Menschheit« ist sein Bild: »Männlich-weiblich« schuf er sie. Männlich-weiblich ist Gott. In dieser Reihenfolge? Ja, in dieser Reihenfolge; sie ist in der Schöpfungsgeschichte, die sich im Garten abspielt (Genesis 2), ein Stilmittel, um unvergesslich ins Gedächtnis einzuprägen, dass das Erste (männlich) ohne das Zweite nichts als Einsamkeit und wortloses Unglück ist.

Danach wird Gott in der ganzen Bibel »Herr« genannt, aber auch Held, König und Vater. Er wird zwar wegen seines leidenschaftlichen Eintretens für die Armen und Entrechteten mit einer schreienden Frau verglichen, schreiend wie in Geburtswehen, und seine Liebe mit der Liebe einer Mutter. Irgendwo aber steht »sie«, wenn von ihm gesprochen wird. Nirgendwo steht, dass Gott die Königin des Himmels sei, nirgendwo heißt es: Gott, unsere Mutter. In der Welt, in der die biblische Glaubenserzählung formuliert wurde, thronten viele Königinnenmütter neben Königen, die sich »Herr« und »Meister« nennen ließen (im Namen ihres Gottes, der »Oberherr« und »Oberster Meister« hieß oder »Baal«) und die Großmeister der Unterdrückung und der Ausbeutung waren. Auf ihren Knien wiegten sie ihre erstgeborenen Söhne, die diese Macht und Herrlichkeit übernehmen würden, und so würde alles bis in alle Ewigkeit bleiben: die Unterdrückten unterdrückt.

»So wird es nicht bis in alle Ewigkeit bleiben«, rief eine Stimme aus dem Feuer.

»Ich habe die Unterdrückung meiner Menschen gesehen. Ich habe ihr Schreien gehört. Darum bin ich herabgestiegen.«

Wie bitte?

»Ja, ich bin herabgestiegen, um sie zu befreien. Und du: Geh zu den Menschen in Not, steig zu den Menschen herab, die befreit werden müssen.«

Wer bist du, Stimme?

»Ich bin der, der dich zu Menschen in Not schickt. Ich bin der, der sagt: Befreit einander.«

Und als sie sich (durch den Auszug) befreit hatten, da nannten sie diese Stimme ihren Gott und Herrn. Mächtiger, menschenwürdiger, göttlicher, glaubwürdiger als all die anderen Herren und Herrscher, die Baalssöhne und Henkersknechte ist diese Stimme.

Und so geschah es, dass wir diesen gestaltlosen, bildlosen Gott den »Herrn« nannten. Dieser Nicht-Gott, dieser Nicht-Unterdrücker: dieser allein ist Gott. »Er, unser Gott, er ist einer«, sagt das »Schema Israel – Höre, Israel«, der Text, der im Judentum als das einzige Glaubensbekenntnis gilt und im Morgen- und Abendgebet gesprochen wird.

»Er einer« bedeutet: dass er der Einzigartige, der Einzige ist und keiner sonst. Hat je ein anderer Gott dich befreit? Bleibe bei diesem deinem Befreier, oder: Hab ihn lieb, deinen Gott.

Er ist auch »einer« in der Bedeutung von »nicht zwei« (nicht Licht und Dunkel), nicht zweideutig (anziehend und abstoßend, faszinierend und furchterregend wie all das sogenannte »Heilige«); und nicht in sich geteilt, nicht willkürlich, launisch, unberechenbar. Er ist einer in der Bedeutung von zielgerichtet, aus einem Stück. Er weiß, was er will: die eine Menschheit, ungeteilt glückliche Menschen.

Die Bibel spricht nicht vom »Wesen« Gottes. »Wesen« ist ein Wort anderer Herkunft, ist griechisch. Die biblische Glaubensgeschichte »zeigt« einen Gott, dessen Absicht und Ziel, Leidenschaft und Vision es ist, Menschen aus Unterdrückung zu befreien, aus welcher Form von Versklavung, Entfremdung, Lähmung auch immer.

Mit diesem »Auszugs-Gott«, der in der späteren Geschichte Israels, in prophetischer Sprache »Vater« und »Schöpfer des Himmels und der Erde« genannt wird, kann ein Mensch »eins« werden. Nicht verschmelzen, nicht in ihm aufgehen, nicht »eins« in der Bedeutung von »zusammenfallend mit« – eine Person fällt nicht mit einer anderen Person zusammen. Zwei »Personen«, zwei »Seelen«, die man »eins« nennt, sind »eins« in ihren Ansichten und Absichten, »eins« in Antrieb, Engagement und Entscheidung oder »eins im Geist«. Wenn es auch deine Leidenschaft und Vision ist, dass Menschen aus allen möglichen Sklavenhäusern befreit werden müssen, dann bist du mit diesem »Auszugs-Gott« eins; griechisch ausgedrückt, bist du dann »eines Wesens« mit ihm.

Jesus von Nazaret wird »in der Überlieferung der Apostel«, in den vier Evangelien, als ein Mensch dargestellt, der »eins« mit den Absichten, dem Engagement und der Leidenschaft dieses Auszugs-Gottes war, »eins« mit diesem Vater und Schöpfer. »Eins« in der Vision. So deutlich muss er – für einige? viele? – ein »Mensch von Gott« gewesen sein, »eins« im Geist mit Gott, dass er, jüdisch gesprochen, »aus Gott geboren« und »Bild des unsichtbaren Gottes« und »Wort von Gott« genannt wurde. In den ältesten jüdisch-christlichen Quellen, noch aus dem 1. Jahrhundert, wird Jesus mit solchen Worten bezeichnet. 250 Jahre später, im Jahr 325 auf dem Konzil in der kleinasiatischen Stadt Nizäa, wird er im Glaubensbekenntnis, griechisch gesprochen, »eines Wesens mit dem Vater« genannt: »Gott von Gott, Licht vom Licht, wahrer Gott vom wahren Gott; gezeugt, nicht geschaffen; eines Wesens mit dem Vater«.

Das »Glaubensbekenntnis von Nizäa« ist der klassische Text, der bis heute in allen christlichen Kirchen in Geltung ist. Wer gut liest und gut zuhört, der wird in diesem Text nicht nur »das Dogma«, sondern auch einen Hymnus, ein »Hoheslied« erkennen. Und so, wie ein erhabenes Lied, ist dieser Text uns auch überliefert, in der katholischen Liturgie von alters her: *Credo in unum Deum*. Ein »Lied auf Griechisch«, ein Sprachgebrauch, der uns ferner erscheint als die biblische Sprache; aber mit der Absicht, die biblische Glaubenserzählung von dem einen Gott des Mose und der Propheten und von jenem Sohn Israels, der im Geist der Tora »Sohn Gottes« genannt wird, Jesus.

Um Jesus in einer Welt voller Göttersöhne und Herrscher mit göttlichen Ansprüchen von diesen Großmeistern im Unterdrücken zu unterscheiden, verbindet dieses griechische Lied ihn so »wesentlich« wie nur möglich mit dem »Gott-Befreier Israels«, dem Einzigen, der es wert ist, Gott-Vater-Schöpfer genannt zu werden, und es sagt von ihm: »Gott von Gott, Licht vom Licht, wahrer Gott vom wahren Gott, gezeugt, nicht geschaffen; eines Wesens mit dem Vater«.

Weil es der ursprüngliche Sinn dieses Textes von Nizäa ist, gegen alle möglichen Herren und Herrscher und ihre Söhne, ihre Dynastien und gegen allerlei von diesen Herren gehegte Gottesbilder, das Zeugnis von Gott zur Geltung zu bringen, der befreien will, herabsteigt, um zu befreien, wird von diesen »Sohn Gottes« gesagt, dass er seinem Vater im Abstieg nachgefolgt ist – »für uns Menschen und zu unserer Rettung ist er vom Himmel herabgestiegen«.

An »den einen Herrn Jesus Christus« glauben heißt, an einen Herrn glauben, der Knecht geworden ist – er allein verdient es, »Herr« genannt zu werden. So wie nur ein Gott, der herabgestiegen ist, wahrer »Gott« ist.

Das ist die Norm für alle Machtausübung, für alle Herrschaft und alle menschlichen Verhältnisse. »Vom Himmel herabgestiegen«. Menschwerden ist Herabsteigen. »Herabsteigen« ist der Weg der Liebe. Herabsteigen, das tut Gott in der biblischen Glaubenserzählung, so wie geschrieben steht: »Da stieg Er herab und stellte sich dort zu ihm, zu Mose, in der Felsenhöhle. Und dieser rief Seinen Namen. Und Er ging vor dem Angesicht des Mose vorbei und rief: Ich-werde-da-sein, Gott, erbarmend und gnädig, langmütig und reich an Liebe und Treue, der die Liebe bis ins tausendste Geschlecht bewahrt, der hinwegnimmt Schuld, Untreue und Sünde« (Exodus 34,5–7).

»Herabsteigen, um zu befreien und sich zu erbarmen« – das ist die Aussage der ganzen Tora. »Herabsteigen« ist ein Wort für einen Geist des Lebens, eine Bewegung, einen Stil, einen Weg des Lebens und dieser Geist ist in Jesus »offenbar« geworden, oder: In ihm ist Gott offenbar geworden, erschienen. Der Auszugs-Gott, der raumschaffende Gott, erscheint in

Menschen, die herabsteigen aus ihren Himmeln, aus ihrer Ferne, Unerreichbarkeit, Verborgenheit; aus ihren privilegierten Positionen, ihrem ererbten Stand, ihren rechtmäßigen Gütern; ihren Ansprüchen, Erwartungen, Rechten, ihrem Bild von sich selbst. Menschen, die herabsteigen, um zu befreien, um zu retten, was noch zu retten ist – auch wenn es nur ein Hauch, ein Funken menschlicher Würde ist.

Die Hoffnung weitergeben

Die heute häufige Erfahrung, dass »Ältere« ihren Glauben und ihren religiösen Lebensstil nicht an ihre Kinder weitergeben können, dass sie über ihren Glauben nicht einmal reden können, führt bei vielen zur Frage, ob das ihre Schuld sei. Dass nicht die Älteren, nicht die Eltern daran schuld sind, sondern »die alten Strukturen«, wie es oft heißt (und gemeint ist die alte Weise der Glaubensvermittlung: entschieden, befehlend, ja drohend, mehr an unverrückbaren Antworten als an Fragen interessiert) und dass auch wir Opfer dieser Strukturen sind, ist zwar eine richtige, aber eine entmutigende Feststellung. Muss es so bleiben oder besteht die Möglichkeit weiterzukommen? Etwa dadurch, dass sich eine kritische (das heißt sich selbst befragende) Gemeinde für dieses Loch, dieses Vakuum in der Glaubenstradition verantwortlich fühlt? Finden wir uns mit dieser Krise ab oder suchen wir nach neuen Zugängen und neuen Worten? Warum sollten wir nicht versuchen, für einen neuen Stil der Glaubenserziehung und Glaubensweitergabe Verantwortung zu übernehmen?

Immer wenn Menschen ihre Kinder taufen lassen, muss man miteinander über Glaubenserziehung und Glaubensweitergabe sprechen. Der Ausgangspunkt ist, dass sie, die ihre Kinder taufen lassen, sich wirklich vorgenommen haben, ihre Kinder auf den Weg des eigenen Glaubenslebens mitzunehmen. Sie haben sich entschieden, die angedeutete Sackgasse in der Glaubensweitergabe zu durchbrechen.

Viele von uns fühlen sich nicht imstande, den Glauben an Gott, den Glauben, wie er in der biblischen Tradition und im Zeugnis der christlichen Kirchen formuliert wurde, an ihre Kinder weiterzugeben. Ist das ein Phänomen unserer Zeit? Und typisch für die christlichen Kirchen? Wohl kaum. Der jüdische Schriftsteller Franz Kafka schreibt 1919 im »Brief an meinen Vater« Folgendes:

> *»Ebenso wenig Rettung vor dir fand ich im Judentum. Hier wäre ja an sich Rettung möglich gewesen, aber noch mehr, es wäre denkbar gewesen, dass wir uns beide im Judentum gefunden hätten oder gar, dass wir von dort einig ausgegangen wären. Aber was war das für ein Judentum, das ich von dir bekam?*
>
> *Es war ja wirklich, soweit ich sehen konnte, ein Nichts, ein Spaß, nicht einmal ein Spaß. Du gingst an vier Tagen im Jahr in den Tempel, warst dort*

den Gleichgültigen zumindest näher als jenen, die es ernst nahmen, erledigtest geduldig die Gebete als Formalität, setztest mich manchmal dadurch in Erstaunen, dass du mir im Gebetbuch die Stelle zeigen konntest, die gerade zitiert wurde, im Übrigen durfte ich, wenn ich nur (das war die Hauptsache) im Tempel war, mich herumdrücken, wo ich wollte. Ich durchgähnte und durchduselte also dort die vielen Stunden (so gelangweilt habe ich mich später, glaube ich, nur noch in der Tanzstunde).

So war es im Tempel, zu Hause war es womöglich noch ärmlicher und beschränkte sich auf den ersten Sederabend, der immer mehr zu einer Komödie mit Lachkrämpfen wurde, allerdings unter dem Einfluss der größer werdenden Kinder. (Warum musstest du dich diesem Einfluss fügen? Weil du ihn hervorgerufen hast.) Das also war das Glaubensmaterial, das mir überliefert wurde, dazu kam höchstens noch die ausgestreckte Hand, die auf die ›Söhne des Millionärs Fuchs‹ hinwies, die an hohen Feiertagen mit ihrem Vater im Tempel waren. Wie man mit diesem Material etwas Besseres tun könnte, als es möglichst schnell loszuwerden, verstand ich nicht; gerade dieses Loswerden schien mir die pietätsvollste Handlung zu sein.«

So geht das also. Und zu Recht. Leere bringt Leere hervor. Und es ist die Tat eines starken Bewusstseins, wenn Kinder merken, dass sie zum Narren gehalten werden. Es ist nicht selbstverständlich, dass ein Kind dieses Bewusstsein gegen die Leere und die Lüge durchhält. Viele Kinder geben sich, wenn sie älter werden, geschlagen und werden hart und formell, konservativ und ängstlich.

Das ist der Kern des Judentums: Jedes Kind wird persönlich, in der Praxis des täglichen Lebens, so mit dem Glauben der Eltern konfrontiert, dass es zu fragen beginnt: Was tut ihr denn, was treibt euch dazu, warum und wie kommt ihr darauf? Ihr müsst so leben, dass diese Fragen in einem Kind unweigerlich entstehen, sagt die Bibel. Und wenn sie nicht entstehen, dann müsst ihr euch die Frage stellen, ob ihr mit euren Kindern richtig lebt. Erst dann, wenn diese Fragen entstanden sind, könnt ihr die Geschichte erzählen. Dann erst beginnt die wirkliche Glaubensweitergabe, die Glaubensauslegung, das Glaubensgespräch.

Wenn dein Kind dich morgen fragt:
Was sind das für Zeugnisse,
Bestimmungen und Rechtsvorschriften,

auf die Er, unser Gott, euch verpflichtet hat?,
dann sollst du zu deinem Kind sagen:
Sklaven des Pharao waren wir in Ägypten,
Er aber, Adonai, führte uns
mit starker Hand aus Ägypten heraus.
Große, unheilvolle Zeichen und Wunder
wirkte er an Ägypten, am Pharao,
an seinem ganzen Haus vor unseren Augen.
Uns aber hat er von dort herausgeführt,
um uns hineinkommen zu lassen
und uns das Land zu geben,
das er unseren Vätern
mit einem Schwur versprochen hatte.
Und er befahl uns,
alle diese Bestimmungen zu befolgen,
ihn, unseren Gott zu fürchten,
damit es uns gutgeht alle Tage,
damit er uns Leben gibt, wie es heute geschieht.
Das wird für uns Gerechtigkeit sein,
dass wir alle diese Gebote bewahren und befolgen
vor dem Angesicht Adonais, unseres Gottes.

DEUTERONOMIUM 6,20–25

Das ist das biblische Modell der Weitergabe des Glaubens. Worum geht es? Was wird besprochen, erklärt, weitergegeben? Es ist die Vision des Auszugs, der Befreiung aus dem Sklavenhaus. »Zeichen wirkte er an Ägypten«, das heißt, gegen alle Formen der Unterdrückung. Aus der Praxis, aus der praktischen, täglichen Erfahrung der Befreiung wird die Befreiungsgeschichte erzählt. Und diese Befreiungsgeschichte ist die Geschichte von Gott. Der Inhalt des Wortes Gott, seines Namens, ist: »Befreiung« aus aller Art von Unterdrückung und Unrecht. Die Bedeutung des Wortes Gott ist: Gerechtigkeit, neue menschliche Beziehungen, die Geschichte als Weg zu einem neuen Himmel und einer neuen Erde, zu einer neuen Welt. Diese »Geschichte«, diese Zukunftsvision, wird weitergegeben, damit in einem Kind die Leidenschaft für Befreiung und Gerechtigkeit geweckt wird; damit es in sich selbst diese Leidenschaft erkennt.

Was ist »Glaubenserziehung«? Sicher nicht, deinen Kindern das Wort »Gott« aufzuschwätzen. Sondern: durch Übung einsehen, was Recht ist; ihnen beibringen, in allen möglichen Situationen zwischen Recht und Unrecht zu unterscheiden. Ein vielschichtiger Lernprozess. Es geht nicht nur darum, das spontane Gespür, die Intuition zu schärfen, sondern auch das Analysieren und Abwägen (was etwas anderes ist als hin und her schwanken) beizubringen. Bei diesem

Lernprozess kann es dann auch um das Lernen von Liedern, von biblischen Bildern und Geschichten gehen. Aber immer erst an zweiter Stelle und nicht umgekehrt, so scheint mir.

So unterscheiden lernen und aus einem so geformten Gewissen und Bewusstsein heraus wählen, sich entscheiden lernen: das ist »Glaubensweitergabe« und »Glaubenserziehung«. Das Wort »Gott« kann für unsere Kinder nie die »biblische« Bedeutung gewinnen, wenn sie nicht in der Praxis ihres täglichen Lebens lernen, was recht und was schlecht ist, und wenn in ihnen nicht die Leidenschaft für Befreiung, der Hunger nach Gerechtigkeit genährt wird. Daher müsst ihr ihnen auf der Weltkarte zeigen, wo unterdrückt wird und wo befreit werden muss. Und daher müsst ihr noch eine Menge anderer Dinge tun. Was das Herz euch sagt? Ja, zumindest dann, wenn euer Herz ein entwickeltes Gehör für die Worte der Schrift und für das Wort der Tatsachen hat; wenn euer Herz bereit dazu ist, auf das Herz und den Verstand anderer zu hören, und wenn es gelernt hat, auf das Schreien und Weinen von Menschen in Not zu hören – dann, ja dann müsst ihr tun, wozu das Herz euch drängt.

Über Befreiung und Gerechtigkeit sprechen, über Sklaverei und Unrecht also, auch über dein eigenes Gefangensein und Versklavtsein und über deine eigene Hoffnung, kommt noch vor den Worten über Gott. Es ist auch ein Gespräch zwischen Älteren und Jüngeren denkbar, in dem weitaus härtere Worte fallen und Bruchlinien sichtbar werden als bei heute üblichen Auseinandersetzungen über Glaubensfragen.

Stellt euch vor, dass eure Kinder zu euch sagen: Ihr redet zwar über Gerechtigkeit, aber ihr lebt selbst wie Heuchler, auf Kosten von anderen – ihr redet zwar über gleiche Rechte für alle, aber schaut euch mal an, wie ihr mit eurem eigenen Mann, eurer eigenen Frau umgeht. Und dass ihr uns nicht erklären konntet, warum es so viele verschiedene Kirchen gibt oder ob es ein Jenseits gibt – na gut. Aber dass ihr ohne Hoffnung auf politische und gesellschaftliche Erneuerung lebt; dass es immer so weitergehen soll; dass ihr die Chancenlosen dieser Gesellschaft nicht von den Chancenreichen unterscheiden könnt; dass ihr über rassistische Witze lacht; dass ihr auch der Meinung seid, der Mindestlohn könnte noch geringer sein? Und ihr habt uns so schöne biblische Lieder beigebracht und so spannend von Auszug und Einzug erzählt! Seid ihr selbst irgendwann einmal aus irgendeinem Sklavenhaus ausgezogen? Ich habe nie etwas davon gemerkt. »Wenn dein Kind dich morgen fragt und sagt ...«

Ein Kind muss im Tun der Gerechtigkeit erzogen werden. Menschen können ihre Kinder auf diese Vision hin ausrichten, dass sie sehen und hören, unterscheiden und aushalten lernen. Man kann Kinder aber auch behindern, ihnen diese Sicht versperren, ihnen die Ohren taub schwätzen, ihr Herz und ihren Verstand auf Unterwürfigkeit drillen, Ergebung einreden, Zynismus predigen. Ihr könnt die Leidenschaft für Recht verhöhnen. Das heißt ein Kind kleinhalten, kleinmachen, infantil. Das Evangelium sagt dazu: Ärgernis geben. Ihr könnt Kindern das Fragen abgewöhnen und ihnen das Leben so vorleben, dass in ihnen nichts mehr vom Glauben an eine andere als die bestehende Welt aufkommen kann.

Ihr könnt ihnen aber auch eine Zukunft geben, ihr könnt sie mitnehmen in diese Glaubensgeschichte Israels und ihnen Jesus von Nazaret und die Schriften über ihn als Anführer und Begleiter auf dem langen Weg empfehlen. Euer Kind taufen lassen bedeutet nicht mehr und nicht weniger, als dieses Vorhaben aussprechen.

Als zwei der Jünger Jesu ihn fragten, ob sie in der kommenden Welt neben ihm thronen werden, fragte er sie: Könnt ihr den Becher trinken, den ich trinken werde? Könnt ihr die Taufe empfangen, die ich auf mich nehme? Könnt ihr die lebenslange Feuertaufe auf euch nehmen: zu denen gehören, die in dieser Welt kein Recht, keine Zukunft, keinen Anteil am Leben haben?

Eure Kinder im Namen Jesu taufen lassen und sie mit dem Zeichen des Kreuzes, dem Zeichen seiner Lebenswahl, bezeichnen lassen, das bedeutet, dass ihr zu dem Wunsch steht, die Kinder mögen in seinem Geist leben.

»Lebe in seinem Geist«, von dem, was ihn erfüllt und treibt, von ihm beseelt und inspiriert werden – das heißt: »auf seinem Weg gehen«. Sein Weg aber ist ein Weg, der an den Rand führt. Auf diesem Wege kommen sie euch entgegen, all die Armen und Unglücklichen, die unterdrückten Menschen, die nicht stark genug sind, sich aufzurichten, all die Ungetrösteten. Auf seinem Weg, hinter ihm hergehen heißt – mit einem Bild des Evangeliums –, das Kreuz der Brüderlichkeit tragen, der Solidarität mit allen Verworfenen.

Wenn ihr euer Kind mit dem Zeichen des Kreuzes bezeichnen lasst, dann sprecht ihr die Hoffnung aus, dass es in der Kraft wachsen möge, entrechteten und ungetrösteten Menschen ein Nächster zu sein. Und ihr sprecht die Hoffnung aus, dass ihr das eurem Kind vorleben werdet. Wohin das führen kann, was da in unvorhergesehenen, plötzlichen, entscheidenden Augenblicken eures Lebens geschieht, das könnt ihr erst viel später erzählen.

Ihr gebt euch keiner Illusion hin, dass viel in eurer Macht läge. Ihr wisst, intuitiv und aus der Erfahrung mit euch selbst und mit euren Eltern, dass sich nichts erzwingen lässt und kaum etwas zu planen ist. Aber das ist euch doch bewusst, dass ihr die Ersten seid, an die sich euer Kind richten wird: So wie sie von euch die Wörter lernen und die Liebe, so auch die Geschichten über Jesus und seinen Gott, und das ist eine Erzählung von einer anderen Welt als dieser bestehenden, zerstrittenen, kriegslüsternen Welt, in der das Recht des Stärkeren herrscht. Eine jahrhundertealte, noch nicht in Erfüllung gegangene Vision einer Friedenswelt, das ist die Geschichte von Jesus und seinem Gott. Nach dieser Welt verlangen heißt: im Geiste des Sohnes und des Vaters leben.

Ein Mensch und kein Hund

Ein Junge von acht Jahren sagte zu seinem Vater: »Ich werde später genauso nett wie Gott und weggeben – das mag ich auch.« Als er zwölf war, sagte er: »Ich will reich werden« und mit dreizehn: »Ich will reich werden und viel Geld verdienen.« Ist das schlecht von dem Jungen? Er hat doch eigentlich ganz recht; er hat keine Lust, ein armer Mann zu werden.

Aber der Vater ist sich nicht so sicher, ob es nicht doch schlecht sei. Außerdem hatte der Vater immer von einem Sohn geträumt, der alles an die Armen verschenkte und also selber auch arm lebte (aber nicht bitter und böse wie so viele arme Leute, sondern voller Freude, mit einem Gesicht, als ob er sagen wollte: Wer bin ich, dass ich das tun darf – so wie Gott aus seinen Augen schaut, dachte der Vater).

Und so kam es, dass er, an einem Sonntagmorgen, den Jungen an die Hand nahm (das ging gerade noch) und ihn mit zur Tora nahm.

Natürlich wieder ein Junge, denken die Mädchen. Natürlich wieder ein Vater, denken die Mutter. Aber, es war nun einmal ein Junge und ein Vater. Das heißt natürlich noch nicht, dass in dieser Geschichte nur

Männer vorkommen, oder noch schlimmer, dass es eine mädchen- und frauenunfreundliche Geschichte sei. Und so geht es weiter:

Sie gingen an jenem Sonntag über die Straße, durch den Park, vorbei an schmucken Villen: »So ein Haus will ich auch, später, wenn ich achtzehn bin«, sagte der Junge; dann wieder ein paar Straßen weiter: »Jetzt sind wir fast da«, sagte der Vater, als sie in eine hässliche Gegend kamen mit grauen Häuserfronten, Dreck am Straßenrand und herumliegendem Müll. »Ein Mistviertel«, meinte der Junge.

»Hier muss es sein«, sagte der Vater, »Nummer 7«. An der Klingel war kein Namensschild, man hörte auch keinen Klingelton, aber nach ein paar Minuten wurde die Tür von einer alten Frau geöffnet. »Sind wir hier bei der Tora?«, fragte der Vater mit verlegenem Hüsteln. »Kommen Sie herein«, sagte die alte Frau, »ich bin es, ich wohne hier allein.« Was für Augen hat dieser Mensch, dachte der Junge und ihm war, als ob er sie früher schon einmal gesehen hätte.

»Was kann ich für Sie tun?«, fragte die Tora. Ja, was eigentlich? »Es war so eine Idee«, sagte der Vater, »ich hatte von Ihnen gehört, dass Sie viel darüber wissen, wie man leben muss. Jetzt will mein Sohn gerne reich werden und viel Geld verdienen, aber ich frage mich, ob das eigentlich so gut ist.« Er wurde auf einmal ganz rot, bis in die Haarspitzen, er wusste nicht, warum. Sie ist steinalt, dachte der Junge, aber auch jung, wie komisch.

Die Frau zwinkerte ihm zu, stand von ihrem Küchenstuhl auf, kramte in einem Schrank und holte eine kleine Holzkiste heraus. Geschnitzte vogelartige Figuren waren darauf, die Flügel voller Augen. Drinnen waren lauter Holzteilchen. Sie sagte: »Das sind Teile von Buchstaben, zusammen bilden sie ein Wort. Willst du es einmal versuchen?«

Er versuchte, die Teile zusammenzusetzen. Dreiundfünfzig Stück; sie lagen kreuz und quer, dass es mehr nach einer Weltkarte aussah als nach einem Wort. Die alte Frau sah zu, ab und zu sah er sie fragend an, dann blickte sie fragend zurück. Der Vater streckte den kleinen Finger seiner linken Hand nach einer Taube aus, die vor dem Fenster hin und her scharrte und herein wollte, ab und zu gähnte er ein wenig oder döste mit den Augen die Zimmerwände entlang. Und dann stand auf einmal das Wort da: Mensch.

»Gut so«, sagte die Tora, »das hast du gut gemacht. Jetzt können wir reden. Sag mal laut, was da steht.«

»Mensch«, antwortete der Junge.

»Richtig«, sagte die Tora. »Und was ist das Besondere an diesem Wort?«

»Dass es aus dreiundfünfzig Stückchen besteht?«, versuchte der Junge.

»Nein«, sagte die alte Frau, »sondern, dass du selbst es bist. Es gibt keine anderen Worte, die du selbst bist, zum Beispiel Stern oder Baum oder Hahn oder Gott – das alles bist du nicht, aber Mensch, das bist du selbst.«

»Klar«, bestätigte der Junge und warf einen kurzen Blick zu seinem Vater.

»Es ist noch etwas Besonderes an dem Wort«, sagte die Frau, »dass alle Menschen es sind und dass sie es wissen.«

»Nicht alle«, wandte der Junge ein, »ich kenne einen in unserer Gegend, das heißt, er ist kürzlich weggezogen; er kam in eine Anstalt, denn er meinte, er sei ein Hund. Er redete so komisch, fast wie ein Hund bellt.«

»Du aber«, sagte die Frau, »du weißt, dass er ein Mensch ist.«

»Ja, klar«, meinte der Junge, »ich weiß: Er ist ein Mensch und kein Hund.«

Eine lange Minute herrschte Stille. Dann sagte die Frau: »Du willst also reich werden?«

»Ja, möglichst reich.«

»Und wie willst du das machen?«

Der Junge sagte: »Ich kann hart arbeiten, viel lernen. Ich will alles lernen, was ich kann.«

»Dann könntest du zum Beispiel jemanden, der viel Geld hat, überfallen und berauben«, meinte die Frau. »Das wird viel gemacht und es ist einfach zu lernen.«

»Nein, so meine ich es nicht«, protestierte der Junge.

»Du könntest auch lernen, wie man arme Leute arm hält und selber immer reicher wird. Dafür gibt es Schulen. Willst du reich werden, wenn andere dadurch bitterarm werden?«

»Nein, das will ich nicht«, sagte der Junge, »das ist nicht ehrlich.«

»Wieso nicht ehrlich?«, fragte sie.

»Na ja, eben nicht ehrlich.«

»Können alle Menschen reich werden, was meinst du?«, fragte jetzt die Frau.

»Ich glaube nicht. Aber vielleicht doch ein bisschen, wenn sie einander helfen, jedenfalls reich genug, um leben zu können.«

»Würdest du jemandem, der arm ist, helfen wollen, etwas weniger arm zu werden?«

»Bestimmt«, meinte der Junge.

»Das kannst du lernen«, sagte die Frau, »frag mal deinen Vater, ob er es dir beibringen will.«

Der Vater hatte eine Zeit lang die Taube angestarrt und sich inzwischen daran erinnert, dass er, als er so jung wie sein Sohn war, auch reich werden wollte, mit Hilfe von Gewehren und Kanonen, irgendwo in der Welt. Diese Erinnerung erschreckte ihn sehr und er wusste auf einmal nicht mehr so sicher, ob er es seinem Sohn beibringen könnte. Er sagte also: »Na, das weiß ich nicht, gnädige Frau.«

»Ich bin keine gnädige Frau«, sagte sie, »und du weißt es genau. Ach, was siehst du auf einmal traurig aus! Ihr Erwachsenen habt Angst und Angst macht müde und müde sein macht traurig. Ich kann dir nicht helfen, ich kann nur sagen: Hab keine Angst, du kannst es immer wieder aufs Neue probieren.«

»Sollen wir nach Hause gehen?«, sagte der Junge zu seinem Vater. »Ich muss zum Training. Kommst du mit?«

»Hier, nimm das«, sagte die Tora. Sie holte ein ziemlich zerlesenes Buch aus ihrer Schürzentasche und gab es ihm. »Das kannst du lesen, wenn du mal nicht trainieren musst. Ich fand das Buch, als ich so alt war wie du. Eine schöne Geschichte. Du darfst es ausleihen.«

»Dankeschön«, sagte der Junge.

Als sie nach ein paar Straßen und dem Park wieder bei ihrem eigenen Haus waren, meinte er zu seinem Vater: »Unser Haus finde ich sehr schön.«

»Das würde ich auch sagen«, antwortete der Vater. Der Junge packte seine Sachen und ging zum Training.

Abends im Bett dachte er auf einmal wieder an die alte Frau und an das Buch, das sie ihm gegeben hatte. Er knipste das Licht an und las: »Die Erde war Chaos und Leere. Über Abgründen von Wasser war Finsternis. Gottes Atem wehte über das Wasser dahin. Gott sprach: Es werde Licht. Und es wurde Licht.«

Er wusste nicht, ob er verstand, was er las, machte das Licht aus und schlief gleich ein. Mitten in der Nacht wurde er ein wenig wach und musste an die ersten Worte denken, die er gelesen hatte: Chaos, Leere, Finsternis. Genau wie jetzt, dachte er und fiel wieder in Schlaf. Im Traum redete er ein wenig; an die fünfmal warf er sich von einer Seite auf die andere und einmal schrie er ängstlich auf. Aber niemand hörte ihn – sein Vater und seine Mutter schliefen in einem anderen Zimmer, ganz tief.

Die Hoffnung der Liebe

Die Weltgeschichte hat uns nichts zu berichten über Goldene Zeiten der Liebe. Und doch ist da in der Geschichte, trotz des lang anhaltenden Chaos, ein Zeugnis als Lied-und-Erzählung zu vernehmen, das das Leben besingt als eine Möglichkeit zur Liebe. Im Singen und Erzählen dieser biblischen Geschichte wird das menschliche Dasein weder verherrlicht noch als ein unergründliches Mysterium betrauert, sondern besungen als Auftrag und Segen. Das Leben des Menschen ist kein Auf-der-Stelle-Treten, kein Kreislauf, kein Vogelflug, sondern ein Weg auf Erden, begehbar-unbegehbar, zu einem Land der Ruhe und des Friedens, zu Schatten von Bäumen, zu Freiheit von Angst.

»Besungen« bedeutet: herausgehoben aus dem Totschweigen, aus Kampf und Angstschreiben, aus Logik und Orakelsprache. In Lied-und-Geschichte wird dem Leben des Menschen (eines jeden Menschen) eine Bestimmung gegeben: Liebe.

Worte des Mose im Buch Deuteronomium

Und nun, Israel, was fordert
JHWH, der dein Gott ist,

anderes von dir,
als dass du ihm begegnest mit Ehrfurcht,
JHWH, der dein Gott ist:
Dass du gehst auf all seinen Wegen,
dass du ihn liebst,
dass du ihm dienst,
JHWH, der dein Gott ist,
mit ganzem Herzen und mit ganzer Seele,
dass du bewachst die Weisungen JHWHs
und seine Vorschriften,
die ich diesen Tag dir auftrage,
dir zum Guten.

Beschneidet die Vorhaut eurer Herzen
und seid nicht länger halsstarrig, denn:
JHWH, der euer Gott ist,
Er ist der Gott aller Götter
und der Herr aller Herren,
der Gott, der Große, der Starke,
der Ehrfurcht Gebietende,
der kein Ansehen gelten lässt
und keine Bestechung annimmt,
der Recht tut an Waisen und Witwen,
der den Fremden liebt,
der ihm Brot und Kleidung gibt.
Du sollst den Fremden lieben,

denn ihr selbst seid Fremde gewesen
im Lande Ägypten.

DEUTERONOMIUM 10,12–19

Dieses Wort über die Liebe zum Fremden ist kein Befehl, sondern eine Anrufung. Dieses Wort fleht uns an. Es erinnert daran: dass du doch selbst einmal ein Fremder gewesen bist, in dem einen oder anderen Ägypten, in einem von mehreren Diensthäusern? »So habe ich noch nie darüber nachgedacht«, sagst du. Dann stell dir einmal vor, dass deine Freunde, deine Geliebten, deine Kinder, deine Eltern und alle die, die wir »unsere Bekannten« nennen, nicht mehr da sind – und du auch deine Rechte, deine Sicherheiten und deinen Besitz verloren hast. Stell dir vor, dass dies nun deine Situation und dein »Status« wäre: Fremder zu sein, einer, der jetzt den Händen der Menschen auf Gedeih und Verderb ausgeliefert ist. *Der Mensch als Fremder* lautet der Titel eines Buches aus dem Jahre 1960 über das große Thema der modernen Literatur. Aber man muss weder Kafka in seiner labyrinthischen Welt noch Camus noch Eliot noch Beckett gelesen haben, um in Stunden der Fantasie – oder ist es der Sinn für Realität? – sich selbst herumirren zu sehen in einer fremden, ungastlichen Weltstadt, einer wildfremden Sprache und noch Schlimmerem ausgeliefert.

Es kommt schon hin und wieder vor, dass sogar in unserem gegen alle möglichen Eventualitäten versicherten Zusammenleben jemandem die lästige Ehre zuteilwird, einem »Fremden« in die Arme zu laufen. Habe ihn lieb, der dein Gott ist, oder mit anderen Worten: Liebe diesen Fremden. Daran hast du selbst nicht gedacht, du blicktest einfach geradeaus. Du hast es gehört, ob du wolltest oder nicht. Zuerst wolltest du nicht, dann hast du zugehört. Wenn du in Kontakt kommst mit einem Fremden, kannst du spüren, wie konkret die Möglichkeit zu lieben ist, und es bedeutet, »Liebe zu leben«.

Liebe umfasst Recht und Gnade, Gerechtigkeit und Erbarmen. Aber was sind sie all wert ohne Beharrlichkeit? Was hat ein Fremder, was hast du von einem Moment des Erbarmens? Liebe umfasst also Ausharren, Treue. Aber Treue erfordert Geduld und Geduld erfordert Takt. Aber Takt bringst du nicht auf ohne Hoffnung, die berechtigte Hoffnung, dass all die Liebestaktik zu etwas führen soll. Daher gehört es zur Liebe, dass du eine nüchterne Abwägung vornimmst: Was kann ich tun, was hat er zunächst nötig und wie kann es dann weitergehen? Woher hole ich die Zeit und wie beschaffe ich das

Geld? Wo wird er sich sicher fühlen und wie halten wir es aus miteinander? Ist es vernünftig, daran zu glauben, dass das Allerschwierigste glücken wird?

Solche Überlegungen entstehen aus Liebe, so fragen und denken Herz und Verstand.

Es steht nicht geschrieben, dass du sie umarmen und warme Gefühle für sie empfinden müsstest. Die Auslegung des Wortes »Liebe« ist »Brot und Kleidung«. Brot und Kleidung sind elementare Lebensnotwendigkeiten. »Liebhaben« scheint in diesem Spruch über den Fremden zu besagen: ihn am Leben zu lassen, dem Leben als kostbarstem Recht des Menschen. So wie Liebe zu deinem Nächsten wurzelt im Bewusstsein der Gleichwertigkeit, dass du bist wie er oder sie: So wurzelt Liebe zu dem Fremden im Bewusstsein, dass auch du selbst ein Fremder bist, gewesen bist, werden könntest. Wer das Leben ein wenig kennt, schließt das nicht aus.

»Liebe« steht da. Um zu lernen, was Liebe ist, musst du dich an die schwierigste Liebe heranwagen: an die Liebe zu einem Fremden. Dass das Zusammenleben von Menschen nicht ganz untergeht in Schein-Liebe, Affen-Liebe, Eigentums-Liebe, Blut-Liebe, Blut-und-Boden-Liebe, dazu sind wir aufgefordert, den Fremden zu lieben. Dieses Wort ist die kürzeste Zusammenfassung und die schärfste Zuspitzung der biblischen Lehre vom Leben.

Der Tod und die Hoffnung

Wenn vom Tod die Rede ist, flüchten wir uns in vage Vermutungen wie »vielleicht« und »Gott weiß« mit halben, stockenden Worten, unvollendeten Sätzen, Klischees, niedergeschlagenen Augen – oder wir reagieren mit panischer Abwehr oder geben dem Gespräch eine schnelle Wendung. Die Sprache handelt vielfältig vom Tod. In tausend Redewendungen, Verweisen, Bildern wird uns der Tod bewusst und zur Sprache gebracht. Schau nur einmal in ein Wörterbuch, in uns das große Gedächtnis der Menschheit, in dem alle unsere Erinnerungen an Leben und Sterben aufbewahrt sind. Aber weder die Sprache noch die Menschheit wird dir weiterhelfen. Denn wenn es dich trifft und dir gesagt wird: »noch zwei Monate« oder »keine drei Tage mehr« oder »noch ein paar altersschwere, mühselige Jahre«? Dann finden viele Menschen keine Worte mehr, weder für sich selbst noch für andere.

Mit dem Tod haben sich alle Dichter der Welt auseinandergesetzt, so auch die Dichter der Bibel – und manchmal setzt sich eines ihrer Bilder in unserer Vorstellung fest: als weite Landschaft, ausgedehntes, weit ausstrahlendes Licht, strömendes Wasser, auf dem das Licht spielt. Dorthin sind sie unterwegs, die Toten. Bilder von Räumen, doch jedes Bild mit einem ganz feinen Stift gezeichnet, fast unsichtbar, mehr Frage als Antwort.

»Ein Land, das gut und weit ist«, so klingt die meist geliebte Bildersprache, in der die biblischen Dichter-Propheten ihre zutiefst irdischen Zukunftserwartungen in Worte fassten. Sie hofften auf ein erfülltes Erdenleben. »Wenn ich doch nicht die Sicherheit hätte, seine Rettung zu sehen in diesem Leben auf der Erde« – eine Zeile aus Psalm 27.

Und doch steigt der Gedanke in uns auf – und pflanzt sich fort –, dass Gott, dem wir in unserem Leben erfahren als Befreier, als Schöpfer von Lebensraum – dass dieser undenkbare Ewige, der mich berührt mit seinem Wort hier-jetzt, der zu mir spricht in meinem Gewissen – dass dieser vertraute, fremde, ferne Gott, dessen Name lautet: »Ich-werde-da-sein-für-dich« – dass dieser mit meinem Tod nicht aufhört, für mich da zu sein. Mein Tod wird nicht das Ende sein von dem, was uns verbunden hat. Aber wie wird das sein? Ich weiß es nicht, ich werde es erleben.

Die Vision von der Auferstehung des Leibes existiert in mehreren Versionen: in der Offenbarung des Johannes, dann in Ezechiels Vision eines Tales voller

Totengebeinen, die zu neuen Körpern werden; in Jesajas Lied über die Wüste, die blühen wird, dann die kühnste, fast naiv-vermessene Vision des Paulus, die schlichtweg behauptet, dass unsere vergänglichen Körper zur Unvergänglichkeit auferstehen werden, wie ein Getreidekorn in einem Kornhalm aufsteht. »Auch was ausgesät ist, muss erst sterben, um lebendig zu werden«, heißt es lakonisch in seinem Brief an die Gemeinde von Korinth, ungefähr im Jahr 58 des ersten Jahrhunderts.

Etwa fünfzig Jahre später werden im Johannesevangelium diese Worte Jesus von Nazaret in den Mund gelegt: »Wenn das Weizenkorn nicht in die Erde fällt und stirbt, bleibt es allein. Wenn es aber stirbt, bringt es reiche Frucht hervor.« Mit dem Weizenkorn bezeichnet er sich selbst. Paulus erweitert diese Bildsprache auf alle Menschen: Unser Tränenleib wird Frucht tragen in einem unsterblichen Leib.

Das muss wohl bedeuten: dass alles, was uns widerfährt an Körper und Geist, Leiden und Tod, Saat für die Zukunft ist: Alles, was du an Leben geschenkt bekommst, wird sich dir als Möglichkeit zu weiterem Leben eröffnen, ja sogar zum Anfang ewigen Lebens. Wie ein Mensch auf diesen Gedanken kommen kann, vermag ich nicht zu sagen. Das aber weiß ich, dass dieser Gedanke existiert und Wirkung zeigt. Und für unzählige Menschen bahnt er in einer fortschreitenden Geschichte der Hoffnung einen Weg durch Abgründe von Schmerz und Erniedrigung hindurch.

Das Wort »Leib« bezeichnet nicht nur unsere Haut, unser Fleisch, unser Blut und unsere Knochen, sondern es umfasst unser gesamtes physisches, materielles Leben, wie es in der Erde verwurzelt und in Zeit und Raum mit anderen Leibern verbunden ist. In der Sprache Ezechiels, Jesajas, Paulus' und Johannes' besagt das Wort »Leib« den gesamten historischen Kontext meiner Existenz: mein soziales Zusammenleben, meine Landschaft, meine Herkunft.

Sollte die Vorstellung einer »Auferstehung des Leibes« vielleicht bedeuten, dass, so wie ausgesäte, gestorbene Weizenkörner als Kornähren aufblühen, damit auch der gesamte Kontext unseres Lebens, unsere jetzt noch so unausgereiften und oft so schmerzhaften Beziehungen zu anderen, dass sie aufblühen werden durch den Tod hindurch? Auch das haben sie vorausgedacht, Menschen, die sagten »und doch«. Sie erwarteten ein neues Zusammenleben, einen neuen Bund zwischen Menschen, der über den Tod hinausreicht, in eine neue Landschaft, einer neuen Erde.

Es ist nur eine Vision. Schwören kann man nicht auf sie. Eine schwer zu glaubende Bildsprache. Man kann damit leben und sterben.

Ich dachte, karges Land zu sehn,
voll Garben seh' ich, lange Halme, Ähren,
gefüllt mir reifem Korn.
Dann werde ich leben.

Dann erst? Dann noch, wieder, endlich, aufs Neue, aber anders. So wie ich in meiner Jugend beim Begräbnis eines Toten die lateinische Liturgie singen hörte: *Vita mutatur, non tollitur* – das Leben wird nicht weggenommen, es wird verändert.

Huub Oosterhuis

Geb. 1933, Dichter. Oosterhuis trat 1952 in den Jesuitenorden ein, studierte Philosophie, niederländische Sprach- und Literaturwissenschaft und Theologie. Er wurde 1964 zum Priester geweiht und 1965 als Studentenpfarrer eingestellt in der »Amsterdamer Studentenekklesia«. Der »Ekklesia Amsterdam«, wie die 1960 gegründete Gemeinde sich seit 2015 nennt, ist er noch immer als »Vorsteher« verbunden. Für sie schreibt er bis auf heute seine Liturgie erneuernden Lieder und Gebete. Um die sechshundert Lieder und Gesänge wurden und werden vertont von drei ihm eng verbundenen Komponisten und fanden und finden in vielen kirchlichen Kreisen der Niederlande großen Anklang. 2002 wurde ihm dafür die Ehrendoktorwürde der Freien Universität Amsterdam verliehen. Sein Werk wurde zu einem Großteil ins Deutsche übersetzt. Am 19. November 2014 empfing er in Bonn den deutschen ökumenischen Predigtpreis für sein Lebenswerk. Neben seiner umfangreichen theologisch-liturgischen Arbeit schrieb Oosterhuis auch immer »freie« Poesie. Er gründete eine »Schule der Poesie« für Schulkinder, förderte auf der Suche nach mehr Gerechtigkeit die politische Debatte in den Niederlanden und errich-

tete dazu in Amsterdam mehrere Zentren für Religion, Politik und Kultur. 1998 empfing er dafür den Silbernen Orden der Stadt Amsterdam.
Siehe auch: www.huub oosterhuis.de

Cornelis Kok

Geb. 1948, nach seinem Theologiestudium in Amsterdam wurde er Mitarbeiter von Huub Oosterhuis in der »Stiftung Leerhuis & Liturgie (Lehrhaus und Liturgie)«, die gegründet wurde, um das Studium der biblischen Glaubensüberlieferung als Hintergrund und Quelle der Liturgie zu fördern und die wachsende Zahl der Lieder von Huub Oosterhuis herauszugeben und zu verbreiten. Zu diesem Zweck organisiert Kees Kok jährlich »Liedtage« in den Niederlanden, Deutschland und der Schweiz. Seit 1989 arbeitet er, zusammen mit anderen Übersetzern, an deutschsprachigen Ausgaben der Lieder und Texte von Huub Oosterhuis. Kok veröffentlichte neben zahlreichen Zeitschriftenartikeln Bücher über die liturgische Poesie von Oosterhuis und über »Kunst der Liturgie«. Er ist Mitglied des liturgischen Teams »Ekklesia Amsterdam«.
Siehe auch: www.ekklesia-amsterdam.nl

Aus dem Niederländischen von
Cornelis Kok und Michael Kuhn
unter Mitarbeit von Annette Rothenberg-Joerges

Von Annette Rothenberg-Joerges wurden übersetzt:
Der Grund der Hoffnung
Das Buch der Hoffnung
Der Tag der Hoffnung
Unerbittliche Hoffnung
Die Hoffnung der Liebe
Der Tod und die Hoffnung

Ein CAMINO-Buch aus der

Umschlagmotiv: © iStock, Ekely
Gesamtgestaltung: Finken & Bumiller, Stuttgart
Herstellung: Finidr s.r.o., Český Těšín
Printed in the Czech Republic

www.caminobuch.de
ISBN 978-3-460-50023-5